トリイミズキになる方法

元日本生命で全国最年少MDRT連続会員！
超絶チアガール

鳥居瑞生 著

セルバ出版

はじめに

２０２０年４月１日、私は自分自身の会社「ＭＺＳ株式会社」を６人の社員と共に赤坂でスタートしました。

コロナ禍が真っ盛りの赤坂には、ちょっと前までのあの賑やかさはありません。閉めている店も多く、コロナ前と比べると人通りも激減しています。

そんなすっかり寂しくなってしまった赤坂に、豪華で美しいたくさんのお祝い花スタンドが立ち並んだのです。突然出現した華やかな空気に、道ゆく人はびっくりされていました。

「どうしてこの時期に？」

「え？　開店祝い？」

「凄いね！　応援するよ！」

「頑張ってね！」

知らない人からもたくさんのお声がけをいただきました。

お花は次々と届きます。建物の横幅に並べきれないほどでした。申し訳ないと思いながら二列にレイアウトを考えて並べたり、創業記念式典会場への階段や社内にも飾ったりしました。

お花の前で社員らと記念写真を撮っていると、さらに多くの声が寄せられました。本当にありがたいことです。感謝しています。

そして、その日、私の会社「ＭＺＳ株式会社」は万全なコロナ対策をして、前職の日本生命時代のお客様で満席の会場で開業を迎えたのです。

温かな祝辞、決意表明をする社員。たくさんの拍手と励ましのお言葉。お祝いの演奏などが次々と披露され、私は本当に幸せでした。

ここまで、一気に駆け抜けてきました。

転勤族だった少女時代は、ごくごく普通の女の子でした。

習い事のスケジュールでいっぱいの毎日で、毎年家族でハワイ旅行に行ったり、ディズニーランドに通ったり……というような記憶しかございません（笑）。

後に出てくるディズニーランドのクラブ33も子どもの頃から行くことができて、何不自由なく、恵まれた環境で育っていた活発な女の子でした。

そんな私に転機が訪れたのは、中学3年のときです。友人が高校受験すると言い出したのです。つられて、というか、私も一緒に受験勉強に突入しました。なんだか面白そうだったからです。

と言っても始めたのが遅く、いわゆる受験勉強は中学3年生の12月からたったの1か月間だけでしたが、とにかく集中しました。昔から負けず嫌いだったのかもしれませんね。ひたすら1冊の過去問を暗記するくらいに勉強して、無事合格できました。

そして、何より私の人生を変えたのは、「チア」です。

ひょんなきっかけから飛び込んだチアの世界は、その後の私の人生のほぼすべてになりました。チア中心、というよりはチア漬けの日々が始まったのです。

就職もチア優先！　周りが驚く中、私はチアだけができればいいという気持ちでした。毎日が充実していて、本当に楽しかったのです。嘘でもなんでもなく、３６５日すべてがチアで埋め尽くされていましたので、チアリーダーを引退した後、何をしていいかわからなくなってしまい、世の中の人はどうやって週末や祝日を過ごしているのだろうと検索してしまったぐらいです（笑）。

でも、やがてもう1つの世界の扉が開かれました。

それは、保険の世界です。

何も知らないで入った世界でしたが、そこで持ち前の負けず嫌いがグングンと湧き出てきたのです。

そこで私はたくさんの金字塔を打ち立てることができました。

全くの素人だった私を当時も今も支えてくださった方々、仕事や人生を教えてくださった方々、助けてくださった方々のおかげです。本当にありがとうございました。

チア引退後は、チアに注いでいた情熱の行き先が、すべて保険とお客様に変わったように思います。もしかすると、元々負けず嫌いの性格が、保険の仕事にさらに集中させたのかもしれません。

ちょうどその頃からでしょうか。いろんな人に言われるようになったのです。

「どうしてこんなことできるんですか？」

「コツを教えてください」

「ミズキさんみたいになりたいなあ」

「どうやって仕事とチア（プライベート）を両立しているの？」

私みたいになりたい？

「え？」と私は驚きました。

とても不思議でしたが、ことあるごとに言われ、ＭＤＲＴ（１９２７年に発足したＭｉｌｌｉｏｎ Ｄｏｌｌａｒ Ｒｏｕｎｄ Ｔａｂｌｅ（ＭＤＲＴ）は、卓越した生命保険・金融プロフェッショナルの組織。世界中の生命保険と金融サービス専門家６万５０００名以上が所属する独立したグローバルな組織として、５００社70か国で会員が活躍中）会員になる方法が知りたい、どうしてそんなビックな契約が取れるのかを教えてほしい、と何回も言われることが続いたときに思ったのです。

私は自分では普通だと思っているけれども、実は他人には思いつかない普通ではないことを、もしかして自分では気づかずに、当たり前のこととしてやっているのではないだろうか。

それなら、本書でお伝えすることができれば、それが今までにお世話になった方々への、保険業界への恩返しになるのではないのだろうかと思いました。

ＭＤＲＴはちょっと視点を変えて、ちょっと時間の使い方を変えて、ちょっと行動を変えることで、入会することができると私は信じています。それはＭＤＲＴだけでなく、仕事であったり、プライベートでの目標であったり、あるいは自分が欲しいものであっても同じだと思います。

人生は人に支えられているので、人に尽くせば、それはいつか自分に返ってくるとも思います。

人生は「一度きり」です。

私の人生は素晴らしい方々との出会いの連続でした。そしてそのおかげで、本書を出すことができました。

もしもよろしければ、ぜひ、ご一読ください。

そして「トリイミズキ」になってください。

2021年6月

鳥居　瑞生

元日本生命で全国最年少ＭＤＲＴ連続会員！
超絶チアガール　トリイミズキになる方法　目次

PART2　MDRTへの道は、運命だった⁉

PART3　トリイミズキになる方法

ＰＡＲＴ１　高校受験とチアが「私」を変えた

1　ごくごく普通の子どもでした

転勤族の４人家族

「どんな家庭で育ったのですか?」

「保険業界で最年少記録を次々と打ち立てたり、賞を取ったり、ＭＤＲＴ会員になったりするのは、きっとご両親の育て方がスペシャルだったのでしょうね」

「きっと特別な環境だったんですよね?」

私はいろいろな場でそう言われます。仕事の場だけでなく、プライベートでもそう言われてきました。

けれど、私は真面目な父母と可愛い妹がいる、ごく普通の四人家族の一員として育ちました。

父は商社マンでしたので、私たち家族は転勤族でした。関東や関西、あちこちで暮らしました。長かったときもあれば、短い期間もありました。なので、私は小学校を2つ出ています。小さい頃は友達が各地にできても、すぐにサヨナラ、そんな感じでした。

平日は習い事尽くし

子どもの頃の記憶は、実はあまりないのですが、家族でディズニーランドによく行っていたことは覚えています。とても楽しい思い出です。

他には、とにかくお稽古事の日々だったことです。ピアノ、水泳、エレクトーン、クラシックバレエなどを習っていました。ほぼ1週間、毎日何かを習っていました。

クラシックバレエは特に楽しくて、4歳から9歳まで続けました。あの綺麗なチュチュで舞台に立った日のことは、とても誇らしい思い出です。

中学時代は、そこにテニスとお琴が加わりました。お琴は叔母がやっていたので、ちょっと珍しい習い事かもしれませんが、私にとっては、わりと身近な習い事でした。

当時は言われるままに続けていた習い事でしたが、今は両親に感謝しています。人前で自分が努力したことを披露することの楽しさや表現することの面白さを教えてくれたのは、これらの習い事だったからです。

もしかすると私がいつの間にか物怖じしなくなって、人前でパフォーマンスすることに喜びを見出すようになったのは、これらのお稽古事を人前で発表するワクワクする楽しさを、当時すでに体感していたからかもしれません。

遊びも勉強も負けず嫌いの学校生活

中学は都内の私立に進みました。女子校です。

ご想像のとおり、女子だけの学校生活は平和そのもの。毎日はゆるやかに流れ、とても楽しかったのです。もっとも、青春真っ盛り世代なので、もちろんやんちゃもしました。友達同士で制服のスカート捲りをしていました（笑）。今から考えると可愛いものです。

それでも成績はトップ3を常に保っていました。遊びも勉強もどちらでも負けたくなかったのです。

今思うと、負けず嫌いの性格は、この頃からすでに芽生えていたのかもしれません。

2　受験が大きな人生の転機に

やってみよう、受験

私が通っていたお嬢様学校は中高一貫校でした。

もちろん私もそのまま高校に進むつもりでいました。そこには何の疑問もありませんでした。

ところがある日、友人が「高校受験をする！」と言い出したのです。友人のお父様がお役人だったことがあったからかもしれません。突然の彼女の宣言に「受験？　え？　なぜ？」と私はただびっくりしました！　けれども、なぜか影響されて、「私も受験しよう！」と思ってしまったのです。

今考えると、その頃から、私は「これはできないかも」、と考えたり悩んだりするより、行動が先になる子どもでした。「まず、やってみよう！」と動いてしまうのです。そんな活動的な性格は今に続いていると思います。

親に友人の宣言や自分も受験したいと思っていることなどを素直に伝えたら、すぐに動いてくれました。

ありがたいことに、私に向いているだろうと思う学校を探してくれたのです。それが進学校として有名な私立江戸川学園取手高等学校です。

そういう経緯で始まった受験騒動ですが、すでにそのときはなんと12月。そして試験日は1月。今から考えると笑ってしまいますが、たった1か月しかなかったのです。普通はあり得ないですよね。

けれども、そこは持ち前の負けず嫌いと集中力で、徹底的に受験勉強を開始しました。

とにかく頑張って、無事に合格することができました。

どうやら、集中力と体力は、その頃からの私の武器だったようです。一度目標を決めたら、冷静に対策を練り、ターゲット獲得のために、とにかく頑張る。そんなやり方は、私の今の生き方に繋がっていきます。

通学は1時間半

いよいよ始まった高校生活。

希望校に入れて、充実した学生生活が順調にスタートしました。

でも、現実は大変でした。

その理由はチアと出会ってしまったからです！　それはまさに、受験以上に私の人生を変える出来事でした。

人生って本当に小さなきっかけが、大きな岐路になることがあるのですね。あのときチアに出会っていなければ、私の人生はきっと違うものになっていたのじゃないかなと、最近になって思うことがたくさんあります。

チアのためにまず始まったのは、早起きです。

チア部の早朝6時からの朝練のために早起きしました。朝から練習するのですから、しっかり朝食も摂ります。毎朝早い時間に起きて用意してくれた母親には、本当に感謝です。大変だったと思います。

そして当時の私の住まいは新浦安で、学校は茨城県の取手市だったため、6時の朝練に間に合わせるためには、朝4時20分の始発に乗らなければいけませんでした。直通の電車はありません。途中で乗り継いで、トータル1時間半かけての通学でした。

新幹線であれば、東京から名古屋に着くほどの時間です（笑）。正直通学は大変でした。

3　ひょんなきっかけが、人生を変えていく

ダンス部に入るはずが、ひょんなことからチア部へ

なぜ私は早朝に起きることになっても、チア部に入ることを決めたのか。

それは合格して、さあ、どの部活に入ろうかとワクワクしていたときから始まりました。

ダンス部の見学に行こうと誘ってくれた友達と、なんとなく見学だけでもと思い、体育館へ行くことにしたのです。

ところが、その日のダンス部はお休みだったのです。代わりに、体育館で真剣に踊っている人たちがが目に飛び込んできました。それがチア部だったのです。すごい熱気に圧倒されました。

そして、そのときわかったことがありました。それは、ダンス部は「同好会」で、チア部は「体育会の部活」ということでした。

「へ～～、そうなんだあ」となんとなくチア部の活動見学をしていると、途中からスパルタコーチが指導を始めました。大会演技の練習でした。

私はここで衝撃を覚えました。「チア」といえば、常に笑顔がイメージです。当然全員が楽しくニコニコしながら踊っているのだろうと思っていたのですが、大違いでした。

たしかに全員が踊りながら、にこにこと笑顔を振りまいています。けれども、実際は、その笑顔の裏には、ちょっと想像もできない努力が積み重ねられていることを知ったのでした。

鍛え上げられたダンスは、相当な練習を積み重ねた結果であることがわかりました。

すごい！　最初はそういう驚きだけでしたが、いつか自然に、これが幼少期にやっていたクラシックバレエの練習や発表会となんとなく被ったのです。「やるなら何でも真剣に！」という考えを当時持っていた私は、「ダンス同好会」ではなく「体育会チアリーダー部」に入部することを決意しました。真剣に打ち込みたくなったのです。チアリーダー部のみんなはそんな私を快く受け入れてくれて、全員で仲良く一緒にハードな練習に励みました。

そんなきっかけで始めたチアだっただけに、チアそのものがその後の自分の人生を変えるようになるなんて、夢にも思いませんでした。そして高校生になるまで考えもしなかったのです。チアにどっぷりハマる日が来るなんて！　人生わからないものですね（笑）。

そんなふうにして、私のチア人生は江戸川学園取手高等学校チアダンス部ＢＲＵＩＮＳから始まりました。

何をするにも中途半端は嫌い

始めたからには徹底的にやりたい。

元々のめり込む性格ですから、高校時代は「チア漬け」でした。どんなふうに「漬け」だったかと言うと、学生時代のすべてを捧げたと言っても嘘ではありません（笑）。

朝練、昼練、夕練は当たり前。ただ、私は学生ですから、もちろん一番にすべきことは勉強です。だから、予習に復習に、宿題！　両方を自分が納得できるまでこなすのは、正直言って大変で、１日がどうして24時間しかないのかと悔しく思ったこともあります。

でも、なぜそこまで頑張るのか。

なぜチアにそこまでハマったのか。

不思議に思われるかもしれませんが、「あなたをそこまでのめり込ませるチアの魅力は何ですか？」と問われたら、あのときはたぶん答えることができなかったと思います。というか、あの頃は夢中でチアに取り組んでいたので、理由なんて考えられませんでしたから。

でも、今なら答えることができます。

「誰かを元気にすることができるから、みんなを笑顔にできるからかな」と。

そして、今だからこそ、胸を張って言えることがあります。それは「私は人を喜ばせることが、根っから好きなのだ」ということです。

自分が踊ることで、チームで踊ることで、選手を、チームを、お客様を、そして会場を盛り上げることができる。その空気感というか、達成感が好きなのです。人々をチアアップして楽しんでいただくことに喜びを感じるのです。

だからこそ、学生時代だからこその自分の貴重な時間すべてを、とっても大変だったけど、すべてチアに捧げることできたのでしょう。

4　チアが私の人生の基本

効率主義はチアから生まれた

私にとって、チアの振りを覚えるのは大問題。というか、苦手な振りは覚えるのが大変でした。本当に苦手なのです（笑）。

でも、完全に覚えなければ、人前では踊れません。だから、覚えるのは必須でした。私は覚えるのに、他の人よりも時間が必要だったのです。

当然ながら、フリを覚えるのに時間を費やせば、他のことはできなくなります。でも、学業だって疎かにはしたくありませんでした。

勉強が学生の本分ですから、成績だって上位をキープしたい。

どちらを選ぶなんて、私の辞書ならぬ選択にはありませんでした。

じゃあ、どうするの？　元々負けず嫌いの私です。

答えはシンプル。「どちらも完璧にこなしたい！」です。当然ですよね（笑）。

その結果、私が編み出したのは、「効率主義」でした。

どんな人にも同じ1日24時間しか与えられていません。それならば、とにかく時間配分を考えて、集中してやっていかないと目的を達成できないという結論に達したのです。

自分が使える時間を計算して、集中して取り組んで自分のものにする。

とにかく結果を出すためにどうすればいいかを考えてそれを実行する。

さもなければ、できなければ、どちらも中途半端になってしまいます。「そんなことは絶対にしたくない！」と強く思っていました。

となると、自分がやりたいことをやり遂げるためには、集中力と時間配分、そして体力がすべてなのです。私は本当に頑張って両方をこなしていました。

集中と時間配分は、もちろんチアにも活かされました

ちなみに、2013年から2018年まで、私はプロスポーツチームの専属チアリーダーとして活動していました。

ちょっと話が飛びますが、そのときのことをお話ししましょう。

チアは見た目は華やかに見えます。大勢のお客様の前で、派手なコスチュームに身を包み、音楽に合わせて踊るからでしょう。ちょっと見ただけでは、「軽い」感じに見えるかもしれません。

けれども、その後ろに隠れた努力があることは、他のスポーツと同じです。振りを覚え、全員で同じ動きをし、時にはアクロバット的な動きもこなさなければなりません。でも、意外と全員での練習時間は短いのです。

たとえば、全体練習は週に1回しかありません。あれだけの踊りの合わせとしては、意外でしょうが、週に1回しかないのです。そして、試合は週に1～2回あります。週末と祝日はほぼそれですべて消えます。

となると？　そうです。振りは自分の時間で覚えなければならないのです。1週間に1回しかない全体練習には、「完璧に覚えてから臨む」のが鉄則です。

もうおわかりだと思います。つまり週1回の全体練習は「合わせるだけ」「全体で確認するだけ」なのです。そこでの失敗はあり得ないのです。

先ほどもちょっとお話ししましたが、私は「振り」を覚えるのが苦手です。いえ、普通の苦手ではなく、大の苦手です。

なので、平日はほぼ毎日「自主練」に明け暮れていました。プロバスケットボールの試合会場だと、1試合で10曲程の振りを覚えなければなりません。タイムアウトの際はもちろんですが、オープニングやハーフタイムショーは長めの曲だったりします。

そして、当然ですが、出場するとなると、すべての振りを覚えなければなりません。

それは本当にハードな世界。集中と時間配分が要求されました。

毎日が、毎週がチアで埋まって過ぎていく

プロスポーツチームに所属していた当時、どんなふうに毎日を過ごしていたかというと、こんな感じです。

月曜日：ダンス
火曜日：仕事
水曜日：試合
木曜日：仕事
金曜日：試合
土曜日：試合

日曜日：全体練習

これらはもちろん仕事と同時進行です。チアだけをしていたわけではないのです。

もう少し詳しくお伝えしましょう。

試合がある日は、職場に出社して、まずは朝礼に出ます。その後、試合会場へ向かいます。会場入りした後は分刻みでスケジュールが進行していきました。

①場当たり（フォーメーションチェンジがとにかく多いのです笑）。

②チアのみのリハーサル。

③当日のゲスト含めた全体リハーサル。

④ユニフォームに着替え、当日の準備をして、開場時間が迫ると、ファンの方の先行入場でお出迎え。

⑤さらに、一般入場でのお出迎えにと進みます。

⑥そして選手入場での花道。

⑦オープニングショー。

⑧試合中の応援。

⑨ハーフタイムショー。

⑩試合中の応援。
⑪ヒーローインタビュー。

こんなふうに進んでいくのですが、常に笑顔で声を出し続けていると、あっという間に試合が終わります。

そして試合が終わると、ファンの方々のお見送りがあります。最後には片づけやミーティングが待っていて、また翌日も試合です。

忙しい日々でしたが、私は仕事もチアも頑張りました。そうやって一生懸命取り組んでいるうちに、試合の応援に毎週来てくださるファンの方々の中には、仕事とチアを両立させる私の姿を見て、トリイミズキのファンになってくださった方もいらっしゃいました。

こんなふうに毎日と毎週が過ぎていきました。本当にあっという間です。振り返ると、自分でもよくやったなあ、体力あったなあと思います（笑）。

けれども、この集中力と時間配分は、保険の仕事をするようになると、営業成果を出す上で、とても役立ったと思っています。

チアをするために、仕事を頑張る、成果を出す。あのときは必死でしたが、今考えると、お客様のために今使っている体力や思いは、この時期に養ったように思います。

【Ｂリーグ１部のチームメイトと共に】

5　またも進学が転機になりました

関東から関西へ

高校3年生になった頃、また進学に関して転機がやってきました。

前回は友人が受験すると言い出したことからの影響による転機でしたが、今回は自分自身でつくった転機です。

私立江戸川学園取手高等学校は、実は有名な中高一貫の進学校です。まさに文武両道を実践するような毎日でした。そんな学校生活は楽しかったし、満喫していたのですが、なぜかだんだんと外に飛び出したくなったのです。

もともと活動的な性格が、むくむくと自分自身を刺激したのかもしれません。進学の時期になると、その気持ちはどんどん強くなってきていました。

けれども、都内の大学なら自宅から通えてしまいます。ならば思いっきり遠くの大学をと、関西にある同志社大学に行くことに決めました。そこなら高校からの推薦入学の可能性があったからです。

当然ながら、両親は大反対。今から考えれば、親の気持ちの温かさや優しさに大感謝ですが、当時はまだ10代です。生意気盛りでもありましたし、外の世界を知りたい気持ちがありました。いえ、今だから白状すると、一人暮らしがしたかったというのが本音です。

それまで親に対しては素直な子どもでした。親が決めたお稽古事にも、毎日のように小さい頃から素直に行っていたぐらいですから。けれども、このときばかりは自分の頑固さを徹底的に貫きました。

一度決めたら貫き通すのが本来の私です。自分でいろいろなことを決める性格も、そしてそれに向かって猛進するところも、今振り返ると、この頃からすでにでき上がっていたのかもしれませんね。

さて、むくむくと湧き上がってきた反骨精神。

私はどう行動すれば同志社大学に入れるのかを、それこそ徹底的にリサーチしました。

そして、「指定校推薦」をもらうために、さらに必死で猛勉強しました。もともと成績は上位ではありましたが、それをキープすることはもちろん、さらに上を目指しました。

そして、品行方正であるようにも頑張りました。もちろん内申書のためです。

何しろ私立江戸川学園取手高等学校は名の知られた進学校であると同時に、とても校則が厳しい学校だったからです。

奮迅の努力の甲斐あって、無事に「指定校推薦」をいただきました。

両親は最後には納得して送り出してくれました。心から感謝しています。ありがとうございます。

初の一人暮らし

さあ、東京から関西へ。

それは距離だけでなく、何もかもが違って見える土地への移動でした。

地方から大都市へ行かれた方なら共感してもらえると思いますが、やはり文化の違いは大きいです。言葉はもちろん、生活習慣も食習慣も異なります。最初は戸惑うことも多かったです。でも、そんな変化すら、楽しんでいました。

そんなふうに始まった初めての一人暮らしですが、とにかくいろんな経験を私に与えてくれました。高校時代には知り合えなかったような世界の人との交わり、いろんなバックグラウンドや生き方を持つ人との出会い、その土地ならではの食べ物や食習慣、生活習慣などなどたくさんありました。

けれども、特筆すべきは、やっぱりチアです。

もちろん大学に入っても続けました。20歳までは大学の混合チームに属していました。インカレサークルで男女混合のチアリーディングチームです。

これは一般的なスポーツ応援の会場などで見るチアチームというよりは、競技チアです。まさに「スポーツ」そのものとも言える競技です。

そこでの活動も、もちろん充実していましたし楽しかったです。一人暮らしの楽しさに、競技チアの面白さがプラスされたことで広がった新しくて素晴らしい世界に、学生の私は、さらにのめり込んでいきました。

けれども、あるときから、だんだん気持ちが変わっていったのです。「物足りない」という言葉が、あの頃の気持ちを表すのに一番近いかもしれません。

高校から大学に入り、競技チアに参加することでさらに極めつつあったチアを、「もう一段階レベルアップしたい」と心の底から思うようになったのです。

学生だけのチアももちろんハイレベルですし、日々喜びがあるのですが、プロとしてのチアリーダーの世界に入りたくなったのです。

6　大学でも、やっぱりチアがすべての中心

男女混合のチアリーディングチームから企業専属のチームへ

２０１２年5月にご縁があって、私はパナソニック専属のチアリーダー部に入団することができました。本当に嬉しかったです。

当時のパナソニックは、強豪のバスケットボールチームと日本代表選手が多く所属しているバレーボールチームを持っており、その両方の試合会場で踊ることができました。

けれども、踊るチャンスが増えたのは嬉しいのですが、曲、振りつけ、演出などはそれぞれのスポーツによって全く異なるのです。

「振りつけ」が大の苦手な私はまたまた、「自主練」の日々。正直言って、大変でした。

それでも会場の盛り上がりや選手のパフォーマンスに少しでも貢献できている喜びは、何ものにも代え難いものでした。

ちなみに、「プロスポーツチーム専属のチアリーダーにはどうすればなれるの？」と時々聞かれることがあります。

ご参考までにお話しますと、次の選考を経て、晴れてチアガールになることができます。

①書類選考
↓
②一次審査（課題曲をその場で振り入れ）
↓
③二次審査（自由演技）
↓
④面接

この二次審査は、ほとんどが「自由演技」です。自分の得意とするダンスを踊るのです。私の場合は、「クラシックバレエをやっていてよかった」と思うことがたくさんありました。表現方法のベースがいつの間にか自分の中にでき上がっていたからです。子どもの頃に自分の中にでき上がっていたものって、ありがたいですね。これも、両親に感謝です。

さて、合格後にはオリエンテーションがあり、早速年間のスケジュールが言い渡されます。プロスポーツチーム専属のチアリーダーは、1年契約です。実は1年ごとにオーディションがあるのです。

つまり、契約は1年ポッキリなので、毎年踊れるという保証はないのです。続けたければ、毎年オーディションを受けて合格しなければ踊れません。傍目から見るよりも、結構厳しい世界なのです。

そんなふうに始まったプロチアリーダー生活は、シーズン開幕までに練習を重ねますが、開幕してからはあっという間です！　時間がどんどん流れていくだけでなく、さらに忙しくなりますが、本当に毎日とても充実していました。

就職活動の基本も、チア

２０１４年に大学を卒業すると、私はファーストリテイリングに入社しました。

笑われることを承知でお話しすると、本当は就職すらしたくないと思っていました。アルバイトなら、時間がある程度自由になるけれども、社会人になったらそれができなくなるからです。就職すると、チアのために時間を割けなくなると思っていました。

また学生だった頃、フーターズやホテルの宴会場でのホールスタッフのアルバイトでそれなりに稼いでいました。アルバイトで何とかやっていける、生活していけると思っていたのです。

当時を振り返ると、甘い考えだったでしょう。それに、さらに笑ってしまいますが、社員とアルバイトの身分とか保証の違いなどにも全く気づいていませんでした。若いって怖いですね。もしも病気したら、なんて考えつきもしませんでした。

もちろん親は大反対。めちゃくちゃ怒られました。当然ですよね。そこで、私としては、大妥協して就職することにしたのです（笑）。

そして始めた就職活動。元々活動的だったこともよかったのでしょう。メディアに取材されるなどの経験がけっこうあったので、物怖じもしなくなっていたのかもしれません。実は6社から内定をいただけました。ありがたいことです。

そして、私の選択基準は、ここでもチアでした。

就職の最終面接すらチアのスケジュールを優先し、試合日程とかぶっている企業の最終面接はパスしたぐらいなのです。

けれども、就職活動そのものは楽しんでいました。もしかしたら、チア漬けの生活が少し窮屈になっていたのかもしれません。実は当時もSNSなどへのファンの方やチーム関係者からのチェックがけっこうあり、ちょっと監視されているような状況になりつつあったのです。

気分が明るくなるので、就職活動をどんどん進めて、最終面接まで行くのは面白かったです。交通費もいただけたので、ラッキーぐらいに思っていました。

仕事もチアも全力投球

最終的にはご縁があって、ファーストリテイリング株式会社に入社をしました。配属はユニクロです。そして日本で一番早い、3月の入社式に臨むことになったのです。

もちろん入社後も、チア活動との両立が生活の基本でした。

当時はまだＬＩＮＥが今のように普及してはいませんでしたが、私の「友達リスト」は既に１０００人を超えていたので、ユニクロのとある幹部の方にとても気に入っていただけたおかげで、配属先はチアと両立できるところにしていただけました。まさに特別扱いをしていただけたのです。本当に感謝しかありません。

そして、入社1年目の6月にＢＪリーグの東京のチームに合格して、仕事とチアを両立させる生活が始まりました。

元々全力投球タイプではありますが、中途半端が大嫌いな性格が、またも動き出したのです（笑）。

【Bリーグの試合会場にて】

7　プロチームで活動開始したけれど

ＪＢＬリーグからＢＪリーグへ。そしてＢリーグのチアリーダーに

学生時代はパナソニック専属のチアリーダーとして、ＪＢＬリーグ（企業バスケットボールチームのトップリーグ）で主に活動していましたが、大学卒業後は東京に戻り、ユニクロ入社後の6月に、今度はＢＪリーグ東京の専属チアダンスチームのオーディションを受けて合格し、そこでチア活動を続けていました。

そして、日本生命に入社後、私は、ＪＢＬリーグとＢＪリーグが統合されたプロバスケットボールリーグであるＢリーグ誕生の1年目に、川崎ブレイブサンダーズチアリーダーズＢＴＣのオーディションを受けて合格したのです！

それから、2シーズンにかけて、仕事と両立しながらチア活動に全力投球しました。振り返ると、学生時代は勉強とチア、就職してからは仕事とチアという2つの世界を行ったり来たりしながら、とてもハードでしたが、真剣に取り組んでいました。

けれども、チームの形態が変わることをきっかけに、チアを引退することを決めました。

自分の中で「もうやり切った！」という思いがあったからです。それに、一度は出席してみたかったMDRT世界大会、社内表彰や出張などで多忙だったというのも理由です。

突然の休暇がやってきた！

Bリーグのチアリーダーを引退したら、突然、仕事以外の時間が暇になってしまいました（笑）。

それまでチア一色の生活を、それこそ学生時代からずっと続けてきたので、突然できてしまった時間をどうして潰していいかわからないのです。暇な時間をどうすればいいかだなんて、怒られてしまいそうですが、私の場合、本当にそうだったのです。

これぞまさしく、「チアロス」です。

私は学生時代からもう何年間も、毎週末試合と練習漬けの生活を送ってきていましたから、友人らからはとっくに「ミズキに声をかけても忙しいから無理。断られるだけ」と思われていましたから、週末はお誘いはかかりません。誘ってもチアが優先だから、誘うだけ無駄、という評判だったようです。

今から考えたら笑ってしまいますが、「社会人って、土日は、休日は何をして過ごしているの？」と、スマホで「土日の過ごし方」や「素敵な休日」などを検索していたぐらいです。本当に、何をして過ごせばいいかわからなかったのです。

普通ならそこで今までのチア漬けの時間を取り戻すべく、遊びやデートに時間を使うのでしょう。今までとは全然違う生活ペースを求めてしまうのでしょうね。それが普通だと思います。

けれども、私はそんなことにすぐに飽きてしまいました。そして、仕事に集中することにしたのです。思いがけずにできてしまった自由時間を、さらに仕事に費やすことに決めたのです。

私は仕事と旅を合体させることを思いつき、実行し始めました。当時はすでに日本生命に入社していましたが、それまでは土日や祝日は試合だったので、出張は行ける日が限られていました。特に遠方のお客様のところにはなかなか伺えなかったのです。そこで、大阪、名古屋、広島などの遠方のお客様に月1ペースでお会いしに行くようにしました。

すると、遠方出張に比例するかのように、ますます新規のご契約を各地でお預かりすることができ、単月に数十人とお手続できるようになりました。「1日に5件お手続」なんていうこの上なく嬉しい日もありました。

PART2　MDRTへの道は、運命だった⁉

1　あのトリイミズキが、保険業界に入るまで

友人の誘いが、すべての始まり

え？　いつ保険業界に？

ユニクロにいたのでは？

本書を読まれている方は、そう思われると思います。ご説明しますね。

そのきっかけは、またまたひょんなものでした。と言うよりは、またまた人との出会いです。私がＭＤＲＴ会員になれたこともそうですが、いつも私の人生は人によって変えられたり、支えられたりしているのだと実感しています。

ユニクロで働かせていただいていた頃、同僚に岩本真知さんと言う女性がいました。おかっぱ頭のチャーミングな彼女とは同い年だったのですが、海外留学経験者だったので、大学卒業は私の1年後でした。

ちょうど私がユニクロでの2年目を迎えたときに、彼女が学生アルバイトとして入ってきたのです。私が朝礼の司会をしていると、終了後に「実は、同い年なんです」と話しか

けてきたのが、仲良くなったきっかけです。周りはベテラン社員ばかりでしたので、同年代の同性がいることが嬉しくて、すぐに仲良くなり、プライベートでも一緒に遊ぶようになりました。

性格は真逆です。私はどちらかというと、外交的で仕事が終わった後は、まずチアを優先して練習会場に一目散なのですが、それ以外のときは仲間や友人らと飲みに行ったりして楽しむ性格です。

けれども彼女は内向的で、仕事が終わると真っ直ぐに家に帰るタイプ。飲みに行くことなどはあまりしないのです。周りからは「2人が仲良く遊ぶなんて想像つかない、共通の話題なんてあるの？　一緒に何してるの？」などと言われたり、からかわれたりしていました。

そこまで違う性格だったのですが、私たちはなぜか気が合ったのです。真逆だからこそ、相手のことが面白くて、いつの間にか一緒にいる時間がどんどん増えていったのかもしれません。

どんどん仲良くなっていったのですが、実は彼女は私の「ファン」。私を尊敬してくれていて、いつも私の真似をしていました。ついに私の最寄駅に、彼女も引越してきたぐらいでした。一緒に遊ぶだけでなく、試合会場にももちろん応援に来てくれていました。私は昔から、女子にモテていたのです（笑）。

チアをもっと優先させたい

私が社会人2年目に突入したとき、岩本さんは4月に日本生命に新入社員として入社しました。

そして、その夏に久しぶりに連絡が来て会うことになり、私が転職を考えていることを話すと、「私は営業向きじゃないから、クロージングの時とか結構大変なの。いつもミズキがいればいいなあと思うんだ。ミズキみたいな人は絶対営業が向いてるよ。日本生命来たらいいのに～～～」とつぶやかれました（笑）。

その頃転職を考えていた理由は、ユニクロは土日が一番の稼ぎ時なのですが、私にはBJリーグの試合があったからです。会場で毎週踊っていることを周りの方々には理解はしていただいていましたが、それでも毎朝人前に立っている私が毎週土日に休むことが、だんだん辛くなってきていたのです。

みんなには「大丈夫だよ」「ミズキさんにはチアがあるんだから」と言ってもらえてい

ましたが、なにしろ入社2年目です。そんな私がチアのために便宜を図ってもらっていることに対して、だんだん申し訳なく思う気持ちが強くなっていたのです。

そして、ユニクロに入社してから約1年半が経過した8月、つまり岩本さんが日本生命に入社して半年後の夏、なんとなーく岩本さんの上司と会うことになりました。そこから、また、なんとなーく面接を受けることになったのです。

けれども、保険の「ほ」の字もわからない、保険営業が世間から入るのはとっても難しいと言われていることすら知らなかった世間知らずの私です。どういう営業をしているかなんて、もちろん知りませんでした。

ただ、「日本生命」が知名度の高い一流のすごい会社だということだけはわかっていたので、私なんて多分途中で、筆記試験で落ちるだろうから、お試し受験してみようかな、くらいの気持ちで面接を進めていました。

流れに乗ってしまおう

岩本さんの顔を立てるために、とりあえず日本生命の面接は受けていました。

そして内定通知の連絡が来たとき、私はハワイにいたのです。「81」で始まる電話、そう、日本生命からの着信がありました。

つまり、内定連絡です。けれども、特に行こうと決意していたわけではなかったので、「あれ、内定通知かな」とは思いましたが、なんとなく電話に出なかったことは今でも覚えています。

と言うのも、丸の内の本社での最終面接で、「私の転職の理由はチアとの両立のためだけです！」と伝えたところ、「金融機関では副業は禁止です。チアで踊ることで1円でもお金が発生するなら、チアも副業に値するかもしれない」と言われたので、「就業規則に引っかかるようであれば、チアを優先したいので御社で働くことは無理です。今回の面接で落としていただいて構いません」とお話していました。それだけに、まさか内定するとは思っていなかったのです。

けれども、驚いたことに、岩本さんから「内定したよ！」という連絡があったのです。転職を考えてはいましたが、特に急ぐ理由はなかったので、「転職は半年後でもいいかな～」とも思い、「やっぱり内定断ってもいい？」と尋ねたところ、彼女は「全然いいよ～。でも、私とは友達でいてね～」と言うので、「もちろん！」と返事していました。私としては、それで終わったと思っていたのです。

けれども、そう簡単にはいきませんでした。

岩本さんの上司がそれを聞きつけたのかどうかは今となってはわかりませんが、翌日に上司から「入社祝い」をしたいと言いだされたのです。そして、新宿NSビルの飲食店にお誘いされました。まだ入社していないどころか、決めてすらいないのに、です(笑)。

そこから、毎日のように、岩本さんの上司から猛アプローチされました。そして、その流れに乗って、2015年10月1日、日本生命保険相互会社に入社することとなりました。

ユニクロで働いていたときの上司、同僚、部下、同期、皆様には本当にお世話になりました。ここでお礼を申し上げます。ありがとうございました。

2　保険業界は、ちょっと不思議だけど面白い世界です

最初の個人ご契約は、山﨑社長から

ここで、保険業界について説明させてください。

保険業界では、基本的に経費はすべて個人負担です。交通費からお茶代、お花代、コピー代ですら、すべて自費です。会社に属しているので、会社員のように見えますが、「個

人事業主」なのです。

ここまで書くともうおわかりかもしれませんが、トリイミズキはお客様を喜ばせるために、しょっちゅうパーティーをして、お客様同士のビジネスマッチングを開催したり、お客様にお会いするために出張をしたり、いろいろな恩返しをしています。そして、それは自腹です。交通費や宿泊費だけで、月に10万円超えることもあります。

もちろんお客様に振る舞っていただくこともありますが、そこはちゃんとビジネス上でお礼をしています（笑）。

そして、私が最初に配属されたのは、第二新卒、25歳以下までが入社できる「固定給部署」でした。昔からあるような「地区担当（プロパー）部署」ではなく、新しい形態の部署だったのです。成績に関係なく、売上がいくらであれ、毎月固定給の部署です。

そう、最初はそれがいいなと思って入社したのです。安定したお給料がもらえますから。

飛び込み営業が運んできた出会い

さて、どの企業でも同じように、最初は研修があります。

その際の研修期間中の隙間時間に、飛び込み営業が研修の一環で行われ、私は新宿に行きました。そして、とある中小企業ビルの中にあるトイレの前で知り合ったのが、山﨑社長でした。

山﨑社長は大柄で、そのときもゆっくりと歩いておられました。そこでなんとなくお声がけしたのです。そして　初回面談を取りつけて再会した山﨑社長に、学んだばかりの保険をご提案させていただきました。

後でわかったのですが、山﨑社長は昔保険代理店業をなさっていたそうです。「大変なので、二度と俺はやらない」と話されていました。

今考えると、私のような「ひよっこ」より、はるかに保険のことを熟知されておられたのに、私のつたない説明を聞いてくださったのです。本当にありがたいことです。

ここでちょっとお話しすると、実は当時配属されたばかりだった私は、初日から1人で1日10面談をこなしていました。

けれど、いざご契約をお預かりできるとなったときには、まだ手続のやり方そのものがよくわからなかったのです。そこで、手続時にのみ、初めて上司に同行してもらいました。

そして山﨑社長から、無事に私の「人生初の個人のご契約」をお預かりさせていただきました。押印していただけたときの嬉しい気持ちは今でも思い出せます。心から御礼申し上げます。

ありがとうございました。

そういえば、その後山﨑社長と面談を重ねる毎に、「貴方はいつか自分で経営したほうがいいね、その際は応援するよ」と言っていただけていたことを、ふと今、思い出しました。

山﨑社長の言葉通りに、今回独立させていただきましたが、それも皆様の応援のおかげだなあと、今しみじみと山﨑社長や皆様との出会いを思い出しています。とてもうれしく感謝しています。

一番最初の法人契約の思い出

そして、和田工務店の和田健社長に大感謝する出来事が起きました。

和田社長とは、ユニクロ時代に活動的に動いていた頃に出会いました。

そして本当にありがたいことに、本来、固定給部署ではあまり扱うことのない法人契約を、入社後に巡ってきた一番最初の「重大月」でお預かりすることができたのです！

この「重大月」とは保険会社特有の強化月間、つまりキャンペーン月です。日本生命の場合は創業月の7月。これが私にとって最初の重大月でした。

いまでは伝説となっていますが、和田社長に法人プランのご説明をさせていただき、いざ保険料の話になったとき、なんと「月10万にする？　20万？」という流れになったのです。「では、間をとって、15万！」などとお話ししていると、当時の上司に「競りをしてるんじゃないんだからさ（笑）」と突っ込まれました（笑）。

私は今ではよく持ちネタのようにあちこちでお話ししていますが、和田社長もこのやり取りは今でも鮮明に覚えておられるそうです。

「一番最初の法人契約」って本当に記憶に残りますね。

ちなみに和田社長との法人損保のご契約の過程では、社長が建築業ということもあり、朝の5時半に現場近くのファミレスに呼ばれたこともあります（笑）。後にも先にもそれが一番早い時間の商談です。のちに出てくる私のポリシーでもある「本当に忙しい人に合わせる」は、このときから始まっていたのです。

そして、その年の夏、某外資系生保の所長と支社長に呼ばれ、「来月から弊社に来ないか」と言われました。翌日自分の上司に「歩合給がいいので、来月転職します」と伝えたら、「うちにもそういう部署あるから！」と言われ、そこの部署での給与シミュレーションをつくっていただきました。それを見て、「あ、それなら一度そこに異動してみてからでもいいか！」と思い、とりあえず転職をやめました。

本来なら「固定給部署」に5年、10年在籍することが普通なのですが、結果として私は1年半で出ました。異動です。「歩合給部署」に異動するために必要な成績を最短で達成した結果でした。

前例がなかったので、上司や支社の方々には当時色々と調べていただいたことを覚えています。ありがとうございました。

3　快進撃が始まりました

24歳で月収３００万円超えました

私の成績はそれまでの常識を打ち破るものでした。入社以来、営業所内で常にナンバー1が当たり前という結果を、毎月達成していったのです。

まだ若い「女の子」が打ち立て「続ける」記録に、周りの方々は驚いたり呆気にとられたりだったようです。

なぜそんなことができたのか？

理由は、簡単。「なんでもやるからには一番！」が私のポリシーだからです。

そして、単純に、営業所内に貼られた成績グラフを見て、「あれ、このグラフライン、天井突き抜けたらどうなるんだろう？」という好奇心から頑張ったのもあります。

では、どんなふうにして成績グラフのラインを天井まで突き抜けさせたかと言うと、とにかく幅広い人脈に自信があった私は、それをフル活用して様々な法人先や個人のお客様との面談を入れて、ひたすら行動していました。初回面談さえ取れれば、ご契約はなんとかなる、クロージングできると思っていたのです（笑）。

すると、気がついたら月収が３００万円を超える月があるようになっていました。すごい金額だと思われるかもしれませんが、私は当時の仕事量と見合っていると思っています。それだけ必死に面談を取らせていただき、最適なご提案をし、走り回っていました。もちろんチアリーダーの活動と両立しながら働いていました。

固定給部署から異動する送別会の日、私は全員の前で宣言しました。「保険会社で働いているからにはＭＤＲＴを目指します」と。固定給部署では「ＭＤＲＴ」の存在や基準すら知らされていなかったですし、知らない人もたくさんいましたので、おそらく「？？？」と思った方はたくさんいたと思います。

そして、私自身も「根拠のない自信」しかその当時はありませんでしたが、翌年無事にMDRTに入会することができました。

私の大切なお客様皆様のおかげです。本当にありがとうございます。

日本生命全国6万人中、全国最年少MDRT会員に

とにかくがむしゃらに働きました。

すると、面談を設定すればするほど、動けば動くほど結果が出ることが、とても楽しくなってきたのです。自分の活動と綺麗に比例して、結果がついてきました。負けず嫌いな性格も後押ししたのでしょうね。最初から面白いくらいにご契約をお預かりできたのです。

「なぜそんなに契約が取れるの?」とよく聞かれるので、ちょっと自己分析したことがあります。でも、当時はよくわかりませんでした。自分では特にすごいことや特別なことをしているという意識がないのです。

ただ、よく人に言われることがあります。

「ミズキさんは人に尽くすよね」という一言です。

「尽くす」というと大袈裟だと自分では思っています。ちょっと昭和的なニュアンスも

ありますから（笑）。

トリイミズキ的には「尽くすではなく、お客様を喜ばせる」ことだと思っています。それが本来の性格なのか、チアをやっているうちに選手や会場の皆様をチアアップし続けてきたことが影響しているのかどうかはわかりませんが。

ちなみに、一般的にはチアは「選手を勇気づけたり力づけたりするもの、会場を盛り上げるもの」と思われています。たしかにそれも正解です。けれども、チアには「試合の勝敗に関わらず、ファンの皆様に楽しんでお帰りいただく」という役割もあるのです。

チア生活が長かったからこそ、「いつの間にかお客様を楽しませたい！」という気持ちが育ち、それを実行するうちに、たくさんのご契約をお預かりできるようになっていったのかもしれません。

日本生命全国6万人の営業職員中、最年少ＭＤＲＴ会員になることができたのは、まさにお客様と周りの方々のおかげです。

実は、日本生命に属するＭＤＲＴ会員の平均年齢は60歳と聞いていましたので、ちょっと不安もありました。なぜなら、外資系の保険会社や代理店とはまた別の社内独自の基準を達成しなければならないと聞いていたからです。

それだけに、応援してくださった皆様に、心から感謝しております。

ありがとうございました。

ヘッドハンティングは喫茶店から

私はとにかく「1日10面談」を日常化させていました。

新橋の喫茶店に1日居続けて、そこに1時間置きに、代わる代わるお客様にお越しいただいたりしていました。

そうしたらある日、その様子を見ていた方が、どこからか私の会社、部署、連絡先を探し当てられたようで、毎日のように所属部署に電話をかけて来られるようになったのです。

しかし、朝礼後はすぐにお客様訪問をしていた私は、あの当時なかなか電話を取れず、代わりにでた職員に聞いてもらっても、名前はもちろん会社名も名乗られていなかったそうで、「誰なんだろう？　なんなのだろう？　名乗らないだなんて、変だなあ？」と不思議に思っていたのです。

そんな日々がしばらく続いた後、やっと電話に出ることができ、どなたかがわかりました。某保険代理店の社長だったのです。

「実はトリイさん、新橋の喫茶店で、先日お客様に保険のご提案をされていませんでしたか。次から次へのお客様がいらっしゃっていましたよね。私はその様子をずっと見ていたのです」と電話口で告げられたのです。「たしかにすごく視線を感じるなあ」と思った日があったことを思い出しました。ヘッドハンティングの対象として見られていたのです。けれども、私はヘッドハンティングの話を受けませんでした。そして、それがきっかけで、私は日本生命で初の「異動」をすることになります。

4　コロナ禍が変えたミズキスタイル

セミナースタイルも、ミズキ流にチェンジ

さて、コロナ禍が始まってから、いち早く自分なりに面談の取得方法を変え、従業員向けセミナーはオンラインへ切り替えました。

人数もそれまでは1回30人から60人でしたが、オンラインでは1回5名ほどにしています。理由は、それ以上になるとマンツーマンでの対応が難しくなるからです。

そのため、複数回に分けて開催しています。ご依頼が多い時期は、オンラインセミナー

を1日に複数回行うこともあります。

もちろん、ここでもトリイミズキ流です。

全員の顔を画面上で見えるようにしただけでなく、画面共有のスライドに音楽や効果音を入れて参加者が飽きないように、様々な工夫をしました。これによって、オンライン上での個別商談にスムースに移行していくことができました。

その結果、1か月で40件以上のご契約をお預かりする月もあり、全国に6万人いる日本生命の保険営業職の中で、4位にまで上り詰めたこともあります。

さらには、年に一度、綾瀬はるかさんやゆずさんが出席されるニッセイグランプリへの招待（社内上位0・1％が獲得）を、歩合給の部署に異動してから連続で獲得させていただきました。

セミナーでは、雑学をお伝えします

ところで、私がセミナーでお伝えするのは「保険の話」ではありません。お金にまつわる「雑学」です。

ご存知でしょうか。欧米では子どもの頃からお金について教えられます。日本では「税

【NISSAYグランプリ連続受賞】

NISSAY

表彰状

2019年度NISSAYグランプリ
NISSAYクラブ員表彰
法人市場第一部　ＦＰ営業一課

鳥居 瑞生殿

貴殿は2019年度NISSAYグランプリにおいてNISSAYクラブ員表彰を受賞されました
これはひとえにお客様の信頼獲得に向け日々の活動に誠心誠意取り組まれた努力の賜でありその姿はまさに本社営業職員の範とするところであります
よってその功績を高く評価しここに表彰するとともにグランプリ受賞3回の栄誉を讃えます

2020年6月5日

日本生命保険相互会社
代表取締役社長 清水 博

金計算」は会社員の場合、会社の人がやってくれて、お給料から天引きされています。

でも、たとえばアメリカなどでは自己申告が基本です。そういう事情も、日本人があまりお金のことを知らない理由かもしれません。それに、私の親の世代くらいまでは特にお金の話を人前ですることが恥ずかしいことだとされてきたからかもしれません。

けれども、当たり前のことですが、お金のことを知らないことはとても危険です。自分自身の人生に大きく影響してくるからです。

私は従業員様向けのセミナーで、「お金のイロハ」をお伝えします。勧誘は一切しませんので、みなさん安心していろんなことを聞いてきてくださいます。そしてほとんどの方が驚かれます。お金の世界について、あまりにも知らない方が多いことを実感しています。

ところで、皆様にお金のことを伝えたり教えたりするには、自分がしっかりと理解していなければなりません。

どんなふうにたとえ話をすればいいのか？　どんな話し方をすればいいのか？　どんな順番で、どんな言葉を使えば心に刺さるのか？　どういうふうに資料はつくって、お見せすればいいのか？　とても勉強になります。

けれども、白状しますと、私はスライドやパワーポイントをつくるのが苦手です。「では、誰がつくっているの?」と問われると、実はお客様です。協力してくださる方がたくさんいてくださいます。本当にありがたいことです。

きっかけは向田本部長でした

「トリイミズキ」ができ上がるきっかけの1つをつくってくださったのが、某人材派遣会社の向田本部長です。

向田本部長は、後でお話しする池田敬久様からのご紹介でした。

当初は法人保険のお話を進めさせていただいていたのですが、少し条件が合わなかったのです。すると、お互いの会社にとってメリットになるのは何かと話し合うことになり、向田本部長が私のために毎年セミナーの場を設けてくださることになりました。もちろん、向田本部長からは個人契約もお預かりさせていただいています。

おかげさまで、たくさんの経験を積ませていただきました。そしてそれは現在も進行中。大感謝です。

さらには、日本生命を退社するとき、「あなたが退社してもトリイさんとの関係は切れないから、今後ともよろしくお願いします」と言っていただけたときは、涙が出るほど嬉しかったです。

本当にありがとうございました。

こちらこそ、これからもどうぞよろしくお願いいたします。

ご紹介の連鎖が始まる

ありがたいことに、私は本当に人に恵まれていると思います。

大恩人はたくさんいらっしゃいますが、その1人が、某大手会社人事総務部責任者の池田敬久様です。実は、前述しました向田本部長も池田様のご紹介です。

池田様との出会いはとてもユニークなものでした。

ある日、私は汐留の某大手メーカーのエレベーターに乗っていました。そのとき、その会社のストラップを、社員に紛れるかのように首からかけていました（笑）。すると身長190センチの長身の池田様となぜか目があったのです。

そのとき私の口からどんな言葉が飛び出したと思いますか？

「飴、いりますか？」です。

今なら笑ってしまいますが、私は本気でそのとき「飴」を差し出したのです。

そうです、池田様とは「飴」がご縁だったのです（笑）。

池田様は20代まではアメリカンフットボールの選手でした。時代は違いますが、私が池田様が在籍されていた会社のチームでチアリーダーをしていたことをお知りになると、それからは後輩のように可愛がってくださるようになりました。

そして、出会いの翌週には、「幸せを呼ぶガネーシャを紹介しましょう」とおっしゃられ、新橋の土風炉に呼び出されました。時間通りに行くと、幸せを呼ぶガネーシャ＝立小川社長をご紹介くださったのです。こちらの社長については、後ほど書かせていただきます。

ところで、池田様のご紹介方法はとてもユニークで、ご指定の居酒屋に週5で集まるというものでした。詳細は後述の「17時以降はお客様の時間」にてお話しますが、池田様は事前にご紹介いただく方の経歴や職歴、家族構成などの詳細を会社メールに送ってくださり、当日その方々をご紹介くださるのです。

そのため、私は事前にその方にぴったりの話題を考えることができたのです。

私は池田様からの招集にいつでも動くことができるように、自分の平日の17時以降のすべての時間を毎日空けていました。まわりはアフターファイブに一生懸命でしたが、羨ましいとは思いませんでした。それぐらい仕事が楽しく、夢中で働いていました。

5　教えていただいた人生の指針

それは私の仕事と人生のベース

そして、ご紹介いただいた立小川社長からは、さらに大勢の素晴らしい方々をご紹介いただけただけでなく、私自身の人生の指針ともなるような、さらに大切なことを教わりました。

「保険を口実に、人と人の繋がりを大切にし、人脈をつくり、保険だけで終わらせず、自分で何か経営したらいいよ」

立小川社長は私にそう話されました。

「保険が口実？　どういうこと？」と最初は驚きましたが、今ならとてもよくわかります。ご契約は預からせていただいて終わりではないのです。常にお客様のことを考え、預からせていただいた後も、ずっとアフターフォローをし続けることが大事なのです。

そして、「ご紹介」の大切さやそのご紹介元様との関係を生涯大切にすることは、自分の人脈や力を活かして相手に何をして差し上げられるか、どんな貢献をして差し上げられるかを常に考えて行動することです。

少しでも相手の利益になることを、どれだけできるかで、相手の気持ちがどんどん「感謝」に変わります。そして保険を任せていただけるようになるのです。

そんな「お客様ファースト」という姿勢や考え方を教えていただけたおかげで、それからの私はさらに結果を出し続けることができるようになったのだと思います。

けれども、私がしたことは、決して特別なことではありません。

たとえば、紹介先には翌朝必ずお礼の連絡を差し上げます。そして同時に紹介元様にも都度、進捗の報告をさせていただきます。紹介先にはマメに連絡しても、紹介元には意外と報告を忘れている方が多いのではないでしょうか。

こういったことを続けているからでしょうか。私は紹介先の方に面談を突然キャンセルされることがほとんどありません。さらには、商談はスムースに進みますし、報告もきちんとしますし結果も出しますので、紹介元様からも感謝されます。

そして、それらを私に教えてくださったのが、池田様と立小川社長なのです。

教えていただいた大切なことは、現実にそれからの私の働く指針の1つにもなりました。

池田様、立小川社長には、改めて心から感謝申し上げます。

【MDRT 世界大会にて】

PART3　トリイミズキになる方法

1　まず、やってみてください

あなたにお伝えしたいこと

それでは、トリイミズキになる方法をお伝えしましょう（笑）。

と言っても、私的には決して特別な方法だとは思っていません。本屋に並んでいるビジネス書やネット上にあることと同じだと思っています。

ただ、それでも私が「トリイミズキ」になれた理由は、次のことができたからだと思います。

・続けたこと
・諦めなかったこと
・感謝し続けたこと
・自分のためではなく、お客様のために動いたこと
・大勢の方に応援していただけたこと

よろしければ読んでください。

【IQA（国際継続率）表彰（連続受賞中）】

INTERNATIONAL QUALITY AWARD

LIMRA
IQA

International Quality Award

is hereby granted by LIMRA to

Mizuki Torii

In recognition of professional and quality life underwriting service to the public as evidenced by an excellent record of maintaining in-force business and extending the benefits of life insurance.

First Year - 2019

In witness whereof the undersigned join in presenting this certificate.

Nippon Life Insurance Company

President

2019

2020
PLATINUM

LIMRA

すべては、結果！

もしも私が日本生命最年少でＭＤＲＴに入会することができた理由を挙げるとしたら、その1つは「すべては、結果！」と思っていることが大きいのかもしれません。

よく「頑張ったことが大切」とか「結果より過程」と言われますが、ＭＤＲＴ会員の諸先輩方は、みなさんお客様とのご縁を大切にしつつ、その「結果」と「数字」にはこだわり抜いていると感じています。

では、どうやって実践しているのでしょうか。その方法は意外と簡単です。

・まずは目標を立てて、そこから逆算する。
・具体的に数字を決める。

これだけです。

なんとなくの仕事では、なんとなくの結果しか出ません。心当たりがないでしょうか。目標を達成する明確な時期とかお会いする人数とか、契約数とか、総額とかの「数字」を決めるからこそ、人は「よし、やってやろう、頑張ろう！」というパワーが出てきます。

そして具体的にやるべきことが明確になり、それに向かって走れるようになります。

「いつか」とか「そのうちに」と思っている限りは、いつまで経っても結果はやってきません。

たとえば「○月○日に資格試験があるから、それまで勉強を頑張る！」とか、「○月○日に結婚式に招待されているから、それまでに○キロ痩せる！」という具体的な目標があればみなさん頑張れます。

けれども、「いつか受けようかなと言う試験」のために勉強できる人は稀ですし、「いつか痩せたい」と思っている人には、その「いつか」が来ないことは、みなさん共感していただけると思います。

私は、月や年の目標から逆算して、日々活動して、「前倒し」の成果を出すことを心がけていました。お客様にも「○月○日までにお返事をください」とお願いしていました。言い訳は誰にもできますが、私は言い訳する人を信用できません。結局、言い訳をする人は目標を達成できないと思っています。

私は他の方々より、数字へのこだわりが大きいのかもしれませんね。

☆トリイミズキルール

具体的な数字にこだわると、結果が早くなる。

見極めは初回面談で

どんなお客様でも一度はお会いします。それがミズキ流です。

けれども、お会いしたときに、私は数分で見極めます。保険に入ってくださるかどうかを、です。入ってくださる可能性がない方に時間を割くのは無駄だからです。そう思いませんか？

では、「どうやって見極めるの？」とよく聞かれますが、それは学生時代に大手携帯会社の代理店でアルバイトした経験が大いに役立っていると思います（笑）。

当時は契約すると歩合でバイト代が増えたので、マジで頑張りました。先ほどからお伝えしていますが、私は負けず嫌いの一番大好き人間なので、その時のバイトでも一番でした（笑）。ライバル会社から引き抜きがあったぐらいです。

ちなみに学生時代に飲食店でバイトしていたときも、売上1位でした（笑）。

本題に戻りましょう。

入ってくださるかどうかは、最初の数分でわかります。

見極めるポイントはこれだけです。

・結論を先送りにするかしないか

たとえば「考えとくよ」は断り文句です。きちんと話を聞いてくださる方は、まずそのご提案に対しての質問がその場で出ますから。

そして、「自分は今は必要ないから入らないけど、誰か近いうちにご紹介しましょう」という人もダメです。保険はご自身がいいと思って、初めてどなたかをご紹介されるものだからです。

自分がその商材、担当者を気に入っていないのに周囲に勧めることは難しいと思います。あなたもそう思わないでしょうか。担当者を気に入ってない方からの適当な紹介は、絶対に契約には至りません。

こうすれば、最初の数分の相手との会話で、保険に入ってくださるかどうかを見極めることができるのです。

時間は有限！　無駄遣いしていては、ＭＤＲＴには近づけません。初回の面談で二度目もお会いしたいかどうかを、瞬時に判断しましょう。

ちなみに、入社間もない頃、保険提案時に「保険はいいから、飲みに行こうよ」と言われる方がたまにいましたが、ソッコーでお断りしていました。そのような方と飲みに行くのは時間の無駄だからです（笑）。

こちらの提案も聞かずに飲みにだけ誘う方とは、100%仕事の話にはなりません。

失礼ながら、私はコンパニオンではありませんと思っていました(笑)。

☆トリイミズキルール
ご契約がお預かりできるかどうかは、初回の面談で判断する。

2 ご契約数を増やすには、コツがあります

ご契約いただける方の共通点

では、どんな方がご加入されるかと言うと、初回の面談時に「入らないよ」とおっしゃる方です。不思議ですが、ある意味、その場に流されない方と言えるかもしれませんね。

そういう方は頭のいい方が多いので、きちんとご提案した保険のメリットとデメリットをお伝えすると、瞬時に判断されて、結果としてお手続いただくことが多いです。

その場で判断できないと判断されるからこそ、「今は入らないよ」とおっしゃるのかな、

と今では思っています。

そしてご契約いただける方には共通点があります。それは、「忙しいのに今日も時間をつくってくれてありがとう！」と言ってくださる方です。

それは逆で、お礼はこちらのセリフなのですが、「トリイミズキはめちゃくちゃ忙しいらしい」という噂が一人歩きしているようで、面談を取らせていただき、いざお会いするとなると、ほぼ１００％の方がそう言ってくださるのです。本当にありがたいことです。

忙しい方は時間の貴重さを痛感しておられます。ご自分の時間を大事にされるからこそ、相手の時間も大事にされるのでしょう。

だからこそ、こちらの説明にピンポイントで質問されます。そしてご自分に必要な保険かそうでないか、会社にとってメリットになるのかを瞬時に判断されるのだと思います。

私は、トリイミズキとのご縁を大事にしてくださる方に、これからも全力で尽くそうと決めています。

☆トリイミズキルール

トリイミズキとの縁を大事にしてくださる方とは、生涯お付き合いします。

お金と時間の使い方でも、相手がわかる

別な観点からも、保険に入ってくださる方かどうかがわかります。

それはズバリ、「お金と時間の使い方」です。

自分にだけ使う人や、経費が使える範囲でしかお金を他人のために使わない社会人は、まずご加入されません。そして、そのような方を見ていると、面談時もそうですが、その後もほとんど出世されていません（笑）。

実は私は、自分で言うのもなんですが、赤坂ではちょっとした有名人です（笑）。夜に歩いていると、飲み屋の店長やオーナーからしょっちゅう声をかけられます。

と言うのも、いろいろなお店にお客様をお連れするからです。すると、一般の女性がお客様をお連れするのが珍しいからか、覚えてもらえやすくなるので、結果として知り合いが多いのです。

さらには、「いいお客様」をお連れするので、私自身がお店の「上客」になっているのです。その結果が、赤坂で顔を覚えられ、声をかけられることになったのです。時には、「夜遅いのは危ないから」と家の近くまで徒歩でボディーガードのように付いてきてくれるマネージャーもいます（笑）。

さて、私は、お店に入ると、瞬時にスタッフの接客態度やマナーをチェックします。信じられないことですが、お客様を楽しませることができないスタッフは多いのです。お金を支払う側、つまりお客様側が気を遣ってスタッフに話をしたり、盛り上げようとするなんて本末転倒です。

そして、毎日のように新規のお客様をお連れすると、お店の人は私を可愛がってくださるようになります（笑）。その辺り、お店の人はしっかり見ています。

いろいろなお客様を見ていて痛感したのは、「ケチに出世している人はいない」ということです。人は、相手がどれだけ自分にお金と時間を使ってくれているかを冷静に見ています。そして、自分に使ってくれた人を信用します。

それって、当たり前のことですよね。

だから私はお客様に私の時間とお金を使います。すると、最終的に応えてくださることを学びました。

☆トリイミズキルール

相手のためにお金と時間を使えば、いつか自分に返ってくる。

レスは1分以内

実はこれは、私だけの意見ではありません。

世の中にある「ビジネス書」の多くが語っています。そして銀座の一流クラブのママも言っています。「売上順はレスの速さ順」だと(笑)。

でも、私は、実感しているからこそ、ここでお伝えしたいのです。決してビジネス書の受け売りではありません。

レスが遅い人に仕事ができる人はいません。どんなに忙しくても、仕事ができる人はすぐにレスをくださいます。そのとき結論とか正式な返事ができなくてもいいのです。

「ご連絡ありがとうございました。わかり次第お返事いたします」「今は外で手元に資料がございませんので、帰社しましたらすぐに確認いたします」

それでいいのです。

お客様は正式な返事も、もちろん求めておられますが、ご自分が出されたメールや電話に「すぐに対応してくれたかどうか」を求めておられるのです。届いたかどうかの確認も求めておられます。

ちゃんと返事しよう。調べてから正確なお返事をしよう。そういう気持ちはわかりますし、一見すると正しい対応のように思えたりもします。

でも、立場を代えてください。あなたがお客様だったら、いつまでも返事をくれない人と、「受け取っています」だけでもすぐにレスをくれる人と、どちらを信じるでしょうか？

実際に、私は即レスを心がけています。遅くても10分以内がモットーです。すると、ビジネスが次の段階にスムースに進むのです。時差は関係ありません。今はメールやラインがありますから、夜中でも相手を起こすことなくお返事できます。ご連絡が可能です。

そうです、昔みたいに「夜遅くのお電話は申し訳ないと思いまして」などという「言い訳」はできない時代に入っているのです。

さらに、ＳＮＳを使ったお返事にはお送りした「時間」が記録されます。すぐに返事をもらえたことが、どれだけ信頼感につながるでしょうか。深夜でも明け方でも自分の問いかけに応えてくれる相手を、あなたはどう思うでしょうか。それが未来の信頼や仕事につながるとは思いませんか。

☆トリイミズキルール

信頼を得たければ、即レス！

行動力×活動量＝ご契約数

「レスを早くする」ことの重要性はおわかりいただけたと思います。

次にお伝えしたいことは、ズバリこれです。

「行動力×活動量＝契約数」ということです。

レスに限らず、お客様の要望にどれだけ早く応えられるか＝ご契約数だと言ってもいいとトリイミズキは考えています。

すぐに何らかのお返事が来たなら、お客様はあなたを信頼してくれます。それは確かに小さなことでしょう。でも、どんなことでもいいのです。

お客様との会話で「そういえば、あれってどういうことなのかなあ」と話されたら、すぐにそれを調べてお伝えするのです。ご契約に繋がらないことでもいいのです。むしろすぐには繋がらないような雑用のようなもののほうが多いでしょう。

でも、もしもあなたが、お客様が次の言葉を出される前に行動して、活動して、お客様が知りたいことをお伝えしたなら、まずその方はあなたに感謝してくださるでしょう。

そして、それを積み重ねたなら、確実にその方はあなたに好感を持ってくださいます。あなたを覚えてくださいます。

「この子、面白いなあ」と思ってくださり、飲み会とかイベントに誘ってくださるようになります。色々な方に引き合わせてもくださるでしょう。

すると、いつかその小さな積み重ねが、気づかない間に信頼につながり、契約につながります。そして一度信頼されたら、その連鎖はどんどん広がっていきます。それは私の経験であり、実感です。

一見、私は派手に見られがちです。あえてそう見せてきました（笑）。

よく、「平日にいろんなところに行けていいね」とか「毎日昼から飲み歩けて羨ましい」などと言われます。

けれども、裏では常にお客様のために動いているのです。わざわざ大変なことや辛いことは周りには言いませんし、見せません。

ご理解いただきたいのは、この「小さなお客様への積み重ね」は、いつかもっとすごいものにつながるということです。

そして、それが「運の強さ」になるのです。

よく「自分は運が悪い」と言っている方がいますが、それは自分で自分の運を悪くしているのではないでしょうか。

「行動力×活動量」を、騙されたと思って半年から1年続けてみてください。

きっとあなたは「抜群に運の強い人」になっています。契約数も増えているはずです。

> ☆トリイミズキルール
> 契約数は、自分がどれだけ動いたかで決まる。

3　やってはいけないこと、していませんか

「でも」は絶対ダメ！　すぐ、動け！


私がよく言われるのが、次のようなセリフです。

「私はトリイさんみたいに明るい性格じゃないから、無理」

「私はあなたみたいに運がよくないから」

でも本当にそうでしょうか？

私はある敏腕経営者に可愛がっていただいています。彼女は私を信頼していろいろなこ

とを教えてくださったり、お客様を紹介してくださったりするのですが、一度理由をお聞きしたことがあります。

するると彼女は、「トリイさんはすぐに動いてくれるから」と答えてくださいました。めちゃくちゃ嬉しかったことを覚えています。

そして、「すぐに動いてくれるから、期待できるし、面白い」と続けてくださいました。

MDRT入りしてわかったのは、会員の方にはいくつかの共通点があることです。そして、その1つが「すぐ動く」と言うことです。逆に、成果の出ていない営業パーソンは「でも」と言います。すぐには動きません。

本気で売上を伸ばしたかったら、「でも」と言うのを今すぐに止めることだと思います。そして、すぐに動くことを自分に課すことだと思います。

私が日本生命時代に毎晩のように赤坂のお店でお客様とご一緒していた頃、ある女性と知り合いました。

彼女は赤坂の有名バニーキャバクラで働いていたのですが、とにかく「素直で嘘をつかない」のです。気が利くし、空気が読めるし（これができない若い人が意外と多いのです。泣）、とにかくお連れしたお客様を楽しませることができるのです。

そして彼女は私が独立することを聞くと、「ついていきます！　連れていってください！」と言うので、今回の創業時社員として引き抜きました。柏木夏実さんです。

彼女を社員にしようと思ったのは、まさにこれです。「すぐ動く！」と「素直さ」です。

きっと私をこれからも支えてくれると信じています。

騙されたと思って、やってみてください。

すぐ動くと、結果は必ずついてきます。

☆トリイミズキルール
言い訳をする暇があったら、すぐ動く！

4　トリイミズキ流ってこういうことです

失敗は体験にしてしまう

「ミズキさんって失敗しないの？」「凹んだり、落ち込んだりしないの？」と聞かれることがあります。

【創業社員の１人、柏木夏実さん（中）】

もちろん私だって失敗したり、落ち込んだりします。でも、もしも私が「トリイミズキ」をキープできているのだとしたら、それは失敗を失敗で終わらせないからかもしれません。私は失敗を失敗と認めません。いえ、失敗と思わないようにしている、と表現するほうが正しいかもしれません。

失敗は次への勉強だと思っています。次によくなるために、さらにステップアップするための試練とか勉強だと思えば、それは「失敗」ではなくなります。

つまり、失敗を「体験」にしてしまって、さらによくしていけばいい、と考えているのです。「ステップアップの材料にすればいいんだ」と私は常にそう思っています。要は、物事をどう捉えるかです。

これって、難しく思うかもしれませんが、やっているうちに、自然とできるようになります。理由は、人間は習慣の動物だからだと思っています。「失敗」と脳が思っている間は、いつまで経っても、それは「失敗」でしょう。

けれども、「これは失敗じゃない。貴重な経験。もっと上に行くための、体験なんだよ」と脳に思い込ませることを続けていると、いつの間にか本当に脳がそう判断するようになっていくのです。

そして、よく言われることですが、物事には正しいも正しくないもないそうです。それを評価し、価値をつけるのは「人間」なのだそうです。それなら、失敗を失敗と評価して落ち込んでいる暇があったら、「あ、これは次に行くための試練ね。お試しね」「おかげさまでいい体験ができたわ。次はこれを活かしてもっと上に行こう！」と思って、その「体験」を分析して研究して、次に失敗しないようにするほうがいいと思うのです。これってある意味時短ですよね？

もちろん、めげることもありますよ。そのときは、まずは一度とことん落ち込みます。こんなことがありました。ある会社の方に取引先を丸2年間ご紹介し続けました。「来年こそミズキさんと契約しますよ。保険に入らせていただきますよ」と言われ続けましたが、あるときクロージングをした際、知らん顔されたのです。その方は私から「メリット」だけを受け取ったのです。「まさに、裏切られた！」という「体験」でした。

さすがにそのときは凹みましたし、落ち込みました。

でも、苦労話や愚痴は言いません。なぜなら、自分を支えるのは自分です。自分の気持ちをコントロールするのが自分しかいないなら、そうしたほうが人生楽しくなると思いませんか？　いつまでも落ち込んでいても、何にもいいことはないのですから。

私は「自分がスポンジになれば、なんでもできる」と思っています。なんでも吸収してプラスにしてしまえばいいのです。

転んでもタダでは起きないのが、「トリイミズキ」です。

☆トリイミズキルール

失敗を失敗のまま終わらせるのか、体験にするのかは自分次第。

いつ寝ているの？

もしもあなたが私のお客様で、明日がお誕生日なら、夜中の12時ピッタリに、私からのお誕生メッセージが届きます。

「そこまでやるの？」とよく言われますが、お客様のことを考えたら、私にとっては当たり前のことです。自分が逆の立場だったら、どんなに嬉しいかを考えたら、当然のことだと思うのです。

実際、日付が変わった瞬間にお誕生日のお祝いメールが来たら、あなたはどんな気持ちになるでしょうか。いくら仕事上の関係だからとわかってはいても、嬉しいですよね。

私は、誰よりも早く、一番にお祝いの気持ちをお伝えしています。それは、負けず嫌いの一番大好き人間だからかもしれませんが（笑）、保険って、いざと言うときにお客様を支えるものです。

それなら、メールを受け取ることで、嬉しい気持ちを抱いていただくことに、「いつでもお客様のことを見守っていますよ」という気持ちを込めたいのです。そして安心していただき、信頼していただきたいのです。

これは休日だろうが関係なく、３６５日当たり前のように続けている習慣です。

私にとっては、毎日の歯磨きやお風呂に入る習慣と同じです。けれども、こういう小さなことを習慣化していくことが成果に結びつくのです。たしかに睡眠時間は少ないです。けれども、習慣化してしまったので、全然苦にならないのです。

このような努力を積み重ねたおかげで、ランクによって違う毎月のノルマも（私のノルマは一番ハードルが高かったです）、毎月コンスタントに達成することができていました。

☆トリイミズキルール

自分がされて嬉しいことをすれば、結果につながる。

時間と期間厳守は信頼の原点

これは、当たり前ですよね。でも、意外と守っていない人が多いのが現実です。

あなたはいかがでしょうか。少しご自分の仕事のやり方を振り返ってみてください。

私は、絶対に守ります。それは面談だけではありません。実は、保険業界は一見華やかに見えるので、事務作業のような地味な作業とは無縁のように思う方もおられるかもしれませんが、実際には想像以上に事務作業が多いのです。

さて、保険業界に入って驚いたのですが、この事務作業を後回しにする人が意外と多いのです。私は最初信じられませんでした。もしもご契約書の提出期日を守らなかったら、せっかくお客様にサインしていただいた申込書が無効になってしまう危険性があります。もしもそんなことになったら、どれだけ信用を失うでしょうか。ちょっと考えても恐ろしいことだと思いませんか。今まで積み上げてきたものが、一瞬で消えてしまうのですから。

だからこそ、私はどんなに疲れていても、この「事務作業」を徹底してやります。面談も、提出期限も必ず守ります。できるだけその日のうちやるようにしています。そのため、さらに睡眠時間が減ることもあります。

ちょっと余談ですが、この「事務作業の徹底」の件では、よく会社と揉めていました。

「なぜ揉めたか」と言うのは、私が半年先の契約目標を常に達成していたからです。

「え、どう言うこと？」と思われるでしょう。半年先までの契約目標を達成するなんて、褒めてもらえるはずでしょう？　なんで揉めるの？　と。

達成しているのになぜ揉めたかと言うと、会社のシステムが半年先まで対応していなかったからです（笑）。

> ☆トリイミズキルール
>
> 時間厳守は当たり前。

5　見極めることが大事

忙しいふりをする人は、忙しくない人

「この人はご契約してくれないだろうな」と私が一瞬で判断する基準の1つをお伝えしましょう。

それは「忙しいふりをするかどうか」です。

本当に忙しい人は、時間の使い方がうまいので、興味を持ってくださったら時間をつくってくださいます。そして私の話をきちんと聞いてくださいます。もちろん事前にメールなどで資料をお送りしますので、目を通しておられるだけにお会いしてからの質問なども的確ですし、短時間で決定もされます。

つまり、会っている時間を、1秒たりとも無駄にされないのです。

でも、「忙しいふりをする人」は、なかなか面談時間を取ってくださいませんし、仮に会えたとしても、あまり質問されません。そして返事を先延ばしします。決してその場で決断しません。いえ、できないのかもしれません。たぶん事前にお送りした資料には目も通していないのではと察しています。

仕事ができる人に「忙しいふりをする人」はいません。そして、ふりをする人は、契約してくださることは稀です。となると、その面談は結果として、時間を捨てることになります。

そこの判断は大切です。時間は無限ではありませんし、貴重です。

話を聞いてくれそうにない人に、契約してくださりそうにない人に使う時間はありません。無駄です。一瞬で相手を判断する力を養うことこそが、その積み重ねこそが、MDRT会員になれるかどうかに繋がっていくのだと思います。

ちなみに私は、その場で動きます。忙しぶるわけではありませんが、お伝えすべきことがあったら、その場で電話連絡します。

☆トリイミズキルール
忙しぶる人とは、基本会わない。

本当に忙しい人に合わせる

面談は、本当に忙しい相手に合わせます。

当たり前のことだと思われますか？　では、あなたは本当に相手に合わせていますか？

私は基本的に365日をお客様のために割いています。いえ、お誕生日メールを夜中の12時の日付が変わった瞬間に送っているので、365日だけでなく眠っている時間以外の24時間すべてかもしれません（笑）。

でも、面白いことに、そしてこれは現実なのですが、仕事ができて本当に忙しい人は、きちんと時間をとってくださいます。10分でも、5分でも、です。

本当に忙しい人に合わせて時間をつくると、相手の方に喜んでもらえますし、短時間に凝縮しなければなりませんから、要点だけで話がポンポンと進みます。

そして、これがポイントですが、忙しい人との面談が取れた場合は、ご契約をお預かりさせていただけることが多いのです。本当に忙しい方は「無駄な時間」を嫌うからです。

こういう面談の取り方は、どちらにとってもＷｉｎＷｉｎではないでしょうか。

☆トリイミズキルール

面談は忙しい人に合わせるのが、鉄則。

今入っている保険で、見極める

保険に入ってくださるかどうかの見極めはいろいろあります。でも、その中でも大事な1つは、そのお客様が今、どんな保険に入っておられるかを知ることです。

炎上を覚悟して言うなら（笑）、その方が入っている保険の種類やご契約内容で、その方の社会的ランクがわかるとも言えます。

どういうことかと言うと、たとえばその方が独身なら、どんな保険に入っておられてもその方の自由です。

けれども、家族がおられるのに、それを考慮した保険に入っていないことがわかったら、私はその瞬間に、その場で見切りをつけます。家族を守る家長としての意思や実行力を保険で実践されていない方には、どんな保険をおすすめしても、そう言う気持ちがないのですから、入ってはくださらないからです。

きつい言い方かもしれませんが、それはある意味、家族に対して無責任とも言えるように思います。そういう方は、保険に対する考え方そのものが違っているのでしょう。

入ってくださらない方と過ごす時間は無駄です。そんな時間があったら、入ってくださりそうな方と1人でも多くお会いしたほうが、ご契約をお預かりすることができます。

一瞬で判断することは、仕事を続けていく上で、成績を上げていく上で、本当に大事なことだと私は思っています。

☆トリイミズキルール

今入っている保険で、その人がわかる。

6　視点を変えれば、行動が変わり、結果がついてきます

17時以降はお客様の時間

私は、17時以降はお客様の時間と決めています。

「それってどう言うこと？」と聞かれますが、そのままなのです（笑）。プライベートの時間は捨てています。お客様のための時間にしているのです。これは私にとっては仕事＝趣味だから、皆様には当てはまらないかもしれませんが、本気で「トリイミズキ」のようになりたいのなら、ぜひ考えていただきたいことでもあります。

特に保険の仕事を始めてから、２年間は徹底してやりました。月曜から金曜の17時以降はすべてお客様のために使うようにしたのです。

それはたとえば、こんなことです。

前章で少しお話しさせていただきましたが、「幸せを呼ぶガネーシャを紹介します」と池田敬久様に言われてから、私は池田様がご紹介くださる方と会うために、平日月曜から金曜の17時以降をすべて差し上げたのです。

いえ、差し上げたというよりは、ご相伴させていただいたと言うべきでしょう。とにかくプライベート時間は全部捨てて、毎日指定されるお店に伺わせていただき、17時以降の時間を捧げました。事前に情報をいただいていたので、ご紹介くださる方に喜んでいただけるようなぴったりの話題を用意していました。なので、ただ行っただけではないのです。事前にちゃんと準備していました（笑）。

そして、ご紹介いただいた方が、また別の方をご紹介してくださる「ご紹介の連鎖」が生まれました。

もちろん、ただご紹介していただくだけではありません。私はその方々が何を求めておられるかを、徹底的にお聞きして、ご紹介いただいた方々に喜んでいただける情報をお伝えしたり、会いたいと思っておられる方にお繋ぎするように頑張りました。

そのときのポイントはなんだと思われますか？

それは、「03ではなく090」です。

この意味がおわかりですか？

会社にお電話したのでは取り次いでもらうときに時間のロスが生まれます。会社によっては「日本生命のトリイです」と伝えた瞬間に警戒されて切られてしまいます。セールスだと思われるのです。

お会いしたときに携帯番号をお聞きし、おかけしてもいいかの確認をさせていただき、携帯にかけさせていただくようにしたのです。

すると、爆発的にネットワークが広がりました。

> ☆トリイミズキルール
> 自分の時間は、お客様の時間にする。

法人先の利益が第一

成果が出ない方の共通点の1つに、個人顧客と法人顧客の求めるものの違いがわかっていないことがあると感じています。

個人顧客と法人顧客では、求めるものが、つまりメリットが違うのです。でも、それをきちんと分析せずに、ただ保険に入ってくださいとお願いしても、お客様は入ってはくださいません。当然ですよね。

私は、お客様が法人の場合、その会社の研究を徹底的にします。

その企業が今どのような状況にあって、何を求めているのか、どんな情報を探しているのか、どんなことをお伝えしたらメリットが生まれるのかを、まず徹底的に調べます。

そして、保険のメリットをきちんと数字にしてお伝えすると、それまであまり気が乗らないような雰囲気だったお客様でも、まず聞いてくださいます。それまでとは一変して、身を乗り出されることが多いです（笑）。

ご説明を終えると、お客様は喜んでくださいます。何より「ミズキさんは、自分の会社のことをこんなに考えてくれている」と信頼してくださるようになります。

となると、そこからのことは、もうおわかりだと思います。

☆トリイミズキルール

法人は求めているものが違うので、臨機応変に対応する。

困っているお客様を探す

本気でご契約をお預かりしたいのなら、困っているお客様を探すことも大切だと、私は強く思います。

「自分は法律家でもないし、大したネットワークもない」、「新人だから役に立てない」そのように思うかもしれませんが、本当にそうでしょうか？　私だってそうですよ。保険以外の資格等は全く持っていませんし、語学が堪能なわけでもありません。今でも自分のことをまだまだひよっこだと思っています。

でも、ひよっこでも、できることはあるのです。

たとえば、私は予約代行をしたことがあります。

お客様があるお店の予約を取ろうとされていましたが、そこは予約数年待ち。そこで、その方の代わりに自分のネットワークをフル活用して予約を取って差し上げたのです。たったそれだけですが、そのことで私はその方の信頼を得ることができました。

後半に出てくる東京ディズニーランドの「クラブ33」もそうです。チアの同期で、保険にもご加入いただいている友人が入籍するときには、ミッキーマウスを独り占めできるプランで予約してあげたりしました。ちなみに、ディズニーランドの「クラブ33」は、一生に一度、行けるか行けないか、と言われている場所です。

できないというのは簡単です。でも、本当にできないのでしょうか？　できないと最初から決めつけていないでしょうか？

できないなら、できることを探してみてはいかがでしょうか？　できる、できないは人によって違うのです。私やお客様にとってできないことが、意外とあなたにとっては「簡単ですよ。できますよ」ということもあるのです。

最初からできないと思うのは簡単です。けれども、そこでひと頑張りしてみるかどうかが、ＭＤＲＴ会員になれるかどうかの分かれ道だと思います。

☆トリイミズキルール
「お客様の困った」を解決して差し上げる。

7　あなたは、どんな評判が欲しいですか

「何屋かわからない」と言われています

最初は、保険のことを聞かれても、あまりわかりませんでした。

恥ずかしながら、専門的な話になるとうまく説明できないので、次の面談時に上司を連

れて行って説明してもらうこともありました。今ではいい思い出です。

でも、自分にできないことがある分、お客様のご希望やご要望にはできるだけ、いえ、それ以上にお応えできるように頑張っていました。まあ、そのときはそれしかできることがなかったからとも言えますが（笑）。

どんなことをしたかをお伝えしましょう。それは保険とは関係ないことです。

たとえばお客様がもっと広い空間に会社の引っ越しを考えておられるとわかったので、評判のいい不動産屋をご紹介しました。そして引っ越し業者もご紹介しました。

いざ引っ越しとなったら、不用品や粗大ゴミが出ます。なので、買取業者をご紹介するだけでなく、粗大ゴミを引き取る業者も手配しました。お客様の現状を見極めて、何を欲しておられるのか、何をして差し上げられるかを考え、次の展開を予想して手配したのです。

結果として、そのお客さまはとても喜んでくださいました。そして、それ以降、些細なことでもなんでも相談してきてくださるようになりました。

☆トリイミズキルール

自分の職業は忘れて、できることは全部して差し上げる。

私のお客様になると、よいことありそうって？

そんなふうにお客様が望んでおられることを想像して、実現してきています。
どんなことをしてきたかというと、それはたとえば、次のとおりです。

・なかなか会えないハイレベルな方のご紹介
・新規の取引先のご紹介
・新事業のために必要な情報のご提供
・探しておられる適切な人材のご紹介
・行列しないと買えない商品を手に入れる
・取るのが難しいイベントのチケットの入手
・予約が取れないレストランの予約
・予約が先まで埋まっているホテルの予約

これらは求められてからご協力させていただくこともありますが、どちらかというと、「事前にご要望を察知してご提供する」ことの方が多いです。

すると、いつか「トリイミズキのお客さんになると、いいことある」という噂が流れるようになり、それを面白がって「保険の話、聞きたいんだけど」と向こうから面談を取ってくださる方が増えていったのです。

人は面白い人に惹かれますし、興味を持つものです。「へえ、そんな人がいるなら会ってみたい」と思うのが自然です。

そして、それがいつかご契約を預からせていただくことにつながり、さらには新規のお客様のご紹介へとつながっていきました。

☆トリイミズキルール

「この人と仕事するといいことがある！」と思っていただく。

8 自分目線をやめてみる

得意不得意は自分で決めない

人にはどなたにも、得意不得意があると思います。

でも、それを、自分自身で決めた目標達成ができないことや、性格のせいにするのはちよっと違うと思います。

この大事なことは、ある恩人から教わりました。

その方は、髙原社長です。

髙原社長をご紹介してくださったのは、先ほども書かせていただきました立小川社長と池田様です。

最初に、髙原社長のお父上でいらっしゃる会長との出会いがありました。そして約1年後に髙原社長にお会いしました。ちょうど私がチアにどっぷりハマっていた時期です。

髙原社長に初めて保険のことをご説明させていただいたとき、私は十分には説明することができませんでした。恥ずかしながら、その場で聞かれたことに正確にお答えできなかったのです。

皆様はそのようなとき、どうされるのでしょうか？

「次回、お時間ください。調べてきます」

「申し訳ございません、後ほど電話かメールでご連絡いたします」

通常はこのような回答になると思います。

でも私は、その場でわかる方に繋がるまでひたすら電話しました。相手は上司やＭＤＲ

Tの仲間です。そして、自分がご説明できなかった専門的なことを、その場で教えていただいたりしました。

私も必死でした（笑）。

でもそれを、高原社長は認めてくださったのです。

「人間って得意不得意があるけれど、トリイさんはそれを最大限に活かしているね。それでよいんだよ」

このように評価いただけたことは、思いがけない応援でした。

本当にありがたいことでした。

「面談が取れたから、このチャンスを逃したくない」

「自分ができないことはできる人にお願いすればいい」

「今、お客様の疑問や問題を解決することが何より大事だし優先すべきことだから、自分ができなければできる人にお願いすればいい」

当時の私はただそんな気持ちで働いていました。どうにかしてお客様の疑問を、困ったことを、その場で解決して差し上げたかったのです。後回しにして、お客様の大切な時間を無駄にしたくない。ただ、それだけでした。

自分では「まだまだだなあ、これ、なんとかしなければ」と思っていたのです。けれども、髙原社長はそんな私の対応を認めてくださったのです。それでいいのだとおっしゃってくださったのです。

「ああ、これでよいのだ、自分のプライドよりお客様ファーストでいいのだ」と教えていただいた瞬間でした。

髙原社長、本当にありがとうございました。

その後、髙原社長には毎年決算期のたびに大変お世話になっております。

☆トリイミズキルール
得意不得意は自分で決めない。不得意は、得意な人にお願いすればいい。

ビジネスマッチングが、契約につながる

ビジネスマッチングって、何だと思っていますか？　私も最初はビジネスマッチングの本当の意味がわかりませんでした。

私にそれを教えてくださったのが、原田実社長です。

原田社長とは、ゴルフコンペで出会いました。お客様に連れて行っていただいたゴルフコンペでご紹介いただいたのです。実は、下手ではありますが、私はここ数年ゴルフをたしなんでおります。

さて、原田様からは、ビジネスマッチングの醍醐味を教えていただきました。

保険業界では保険に入っていただくことだけが注目されがちですが、それが違うことや、お客様の利益を一番に考えて行動すれば、最終的にはそれがご契約となることを学ばせていただきました。

その中の1つが、本当のビジネスマッチングです。

私は仕事がら、様々な職業の方々と知り合わせていただいております。そして、その方々は経営に直接携わるハイレベルの方が多いのです。

そんな方々とお話させていただいていると、「あ、この方とあの方を繋いだら、あの計画がうまくいくんじゃないかしら」とか「あの方が探しておられたのは、この情報じゃないのかな」と思うことにたくさん出会うようになったのです。

そこで、「保険契約」はとりあえず横に置いて、メリットになると思うお引き合わせをしたり、情報提供をさせていただいたりしたのです。

すると、お客様が利益を得られたり、売上を上げられたりすることがどんどん増えていきました。

いつの間にか、「トリイミズキって面白いね。保険だけじゃなくてビジネスマッチングの名手だね」と言われるようになり、その結果として、ご契約を預からせていただくことが増えたのです。

原田社長が教えてくださったことに、とても感謝しています。

☆トリイミズキルール
ビジネスマッチングを優先すれば、おかげさまの結果がいただける。

9　トリイミズキがお届けしたいもの

私に関わる人たちに元気、勇気、笑顔を届けたい。

「チアはもうやらないのですか？」と聞かれることがあります。

今は6人の社員を抱える社長として、社長業に邁進しなければいけませんので、チアに時間を割くことは正直言って難しいです。とても残念ですが（笑）。

けれども、つい昨年も自分で企画したイベントで踊ることがありました。会場は大盛り上がりで大勢のお客様に喜んでもらえましたので、今後もイベントの依頼があった際には、「お客様に喜んでいただくためにイベントで踊る」ことはあると思います。

ですが、それも「コロナ次第」。1日も早くコロナが収束して、大勢のお客様と楽しい時間を過ごせるようになってほしいと思っています。

というのも、チアの魅力やパワーを知り尽くしていると自負している私は、チアを通じて私に関わる人々に、元気、勇気、笑顔をお届けしたいからです。チアにはそれができると信じているからです。チアにはみんなを1つにするパワーがあります。1つのことに突き進むことができるようにしてくれるのです。

あの会場の盛り上がり方が、皆様の笑顔が、それを証明していると信じています。

☆トリイミズキルール
自分が大好きなことを、お客様の笑顔に変える。

口癖は、「何かお役に立てることはありますか？」

先日、あるお客様に指摘されました。

「ミズキさんの口癖って、面白いね。普通の保険業の人は保険のメリットを言うのに、『入ってくれ』ってそればっかり言うのに、あなたは『何かお役に立てることはありますか』だものね。珍しいよね。『入ってください』って言わないよね、変わってるよね」

自分では意識していなかったのですが、どうも私の口癖のようです。指摘されて初めて気づきました。

そして思ったのです。もしかして私がたくさんの賞をいただけたり、連続MDRT会員になれたりした理由は、そういうところにあるのかもしれないと。

自分の利益だけを求めようとする気配があったら、どなたでもドン引きしたり警戒したりするのではないでしょうか。けれども、「何かお役に立てることがありますか？」と聞かれて答えたとしても、まさか叶えてもらえるとは思っていないでしょう。気軽に答える方がほとんどだと思います。

けれども思いがけずに叶えてもらえたら、その人に対する気持ちが変わるのではないでしょうか。最初は「面白い人だなあ」かもしれませんが、それを続けることで、いつか「この人は信頼できる！」に変わっていくのではないでしょうか。

もちろん、それだからご契約を預からせていただけるとは思っていません。でも、もしも自分が同じことをされたら、その人のことを覚えていて、「いつか保険に入るときはあの人にしよう」と思うのではないでしょうか。

その方にとって、そのときには保険が必要なくても、周りにいる方で保険が必要な方がおられたら、「トリイミズキさんっていう面白くて信頼できる人がいるよ」と紹介していただけるのではないでしょうか。

私は保険だけに限らず、仕事とはそのような「気持ちの交換」だと思っています。

☆トリイミズキルール
口癖を「何かお役に立てることはありますか？」にする。

お客様の利益が一番。すると回り回って

「お客様のためにとことん動くこと」

これが仕事の基本だと思います。

ちょっと自慢になるかもしれませんが、私はお客様に「保険のメリット以上の付加価値をお届けできる自信」があります。

「○○業界の人と知り合いたいのだけれど、誰か知らない？」

「お得意さんが○○を探してるんだけど、手に入らないかな」

こんなふうに、お客様のお仕事に関する相談に乗ることもできます。

「○○ってお店に行ってみたいんだよね」

「娘の誕生日に○○をあげたいんだけど、どこで買えるかな？」

プライベートなご要望に応えることもできます。

今まで私はできるだけお客様のご希望やご要望を叶えてきました。それはなかなかお会いできない人とのミーティングセッティングだったり、取りにくいレストランやホテルのスペシャルルームの確保だったりしました。

「なぜそんなに契約が取れるの？」とよく聞かれますが、それはどなたに対しても誠心誠意尽くしてきたからだと思います。

私のことを認めてくださったお客様は、私のファンになってくださいます。そして、私が何かを探したり求めていたりすることがわかると、手を差し伸べてくださるのです。

これはひとえにお客様方のネットワークからの恩恵です。

でも、それは私が昼夜問わず、お客様に尽くさせていただいたからだと思っています。

本当にありがたいことです。

☆トリイミズキルール
契約やネットワークは「取ろう、つくろう」と思っていけない。

10　トリイミズキのビジネスあれこれ

若者たちから、歩くマッチングアプリと呼ばれています

お客様のご希望を叶えるのは、ご要望があったときだけではありません。

「あの方とあの方をお繋ぎしたら、お客様の売上に繋がるな」とピンときたら、リクエストがなくても、私が勝手にセッテングしてしまいます。ビジネスマッチングします(笑)。

すると、新しいネットワークが広がったり、新事業が始まったり、新商品の開発につな

がったりします。結果としてお客様の売上が上がったり、大きく新規展開ができたりして、喜んでいただけます。

このようにすれば、さらにトリイミズキを覚えていただけるだけでなく、「保険に入るならトリイミズキさんからだね」と言っていただけたり、新しいお客様をご紹介していただけたりします。その嬉しいスパイラルがどんどん広がっているのです。

なので、私はいつもそんなことばかり考えています。

AさんとBさんをお繋ぎしたらどうだろう？　Cさんが最近始められた事業って、Dさんがお持ちの素材や販路と相性がいいんじゃないだろうか。

こんなふうにピンときたら、お繋ぎしています。そして喜ばれています。でも、契約のためだけではありません。お客様に喜んでいただけるのが、何より嬉しいのです。

そういうことが影響しているのでしょうね。

私は若者たちから「歩くマッチングアプリ」と呼ばれています（笑）。

☆トリイミズキルール

自分がマッチングアプリになってしまえばいい。

トリイミズキの日常

では、ここで軽くおさらいさせてください（笑）。

私は日本生命に入社してから1年目には、1日最低10面談を日課にしていました。試合のある日はチアで踊らないといけないので、完遂できません。そのため、試合がない日にその分を詰め込み、帳尻合わせをしていました。

そして、その10面談はもちろん日中ですし、お酒もナシ。

「66日の法則」というのがありますが、毎日同じペース&量で面談を入れていると、いつの間にかそれが習慣化されてきます。というか、習慣化しないと成績は上がらないと思ったほうがいいでしょう。

ここで、私のビジネススタイルを具体的にお伝えしましょう。

①名刺交換面談↓30分

保険の話は一切しません。

相手の仕事内容や人柄について知るために、ひたすら相手の話を聞きます。この段階で今後お付き合いさせていただけるかどうかの8割の見極めができます。これは直感と感覚で判断します。

ます。

②提案面談↓　1時間

5人×5日間＝25人にご提案しますので、これだけでも1週間に25時間使うことになり

③ご契約↓1時間

ご契約をお預かりするための書類記入や確認などの時間です。

④アフターフォロー

ご契約をお預かりしたその瞬間から生涯続きます。

これが私のご契約をお預かりするまでの大きな流れですが、私は昔から3か月先まで予定が埋まっている生活を送ってきました。手帳が白紙なのが嫌なので、2か月後のスケジュール帳に空白が丸2～3日続いていたら、そこには旅行を入れます（笑）。

営業成果も同じです。常に3か月先を見越しています。

世間では一般的な営業パーソンは、「当月」の仕事やノルマを「当月」にこなします。でも、私は3か月先、半年先のノルマをすでに終わらせるスケジュール感で動いていました。常に「前倒し」で考えていると「余裕」が出てきます。なので、毎月の締切日もずっと知りませんでした（笑）。自分の最高ランク以外の月々のノルマがどれくらいの基準

なのかも結局わからないまま退社しました。
私が締切関係で常に把握していたのは、「ランキングの締切」だけです。

言えます。

成果を上げられない営業の共通点

では、なぜ成果が上がらないのかは、私が先ほどお伝えしたことをしていないからとも言えます。

・目先の毎月のノルマの締切しか把握していない。
・数字に追われ、お客様にもその状態や気持ちが伝わってしまい、敬遠され、結果として成約に至らない負の連鎖にはまってしまう。

もう一度お伝えしましょう。
本当に成果をあげたければ、次のことをすればいいのです。

♪ 1年の目標に対しての締切（社内表彰、ＭＤＲＴ、ＩＱＡなど）の残数値を把握し、常に先を見越した動きをする。
♪ 余裕をもってお客様本位の営業活動をする。
♪ 時間は有限。1日24時間しかないことをもっと自覚して動く。

私のお客様は、必ず約束の日時変更の際は事前に連絡をくださいます。当日直前キャンセルをされることはない自信があります。

それは私が仕事中は1分たりとも無駄にしない超効率主義であることや、スケジュール帳が面談やお客様同士の商談、マッチングでびっしりだということを、皆さまがご理解してくださっているからでもあります。

つまり、どこかで時間変更があると、前後の面談時間すべてがずれ込んでくるので、スケジュールが狂ってしまうので、私の日頃のビジネススタイルをご存知の方々は、5分でも遅れるときは必ず事前に連絡をくださいます。ありがたいことです。

お客様は神様ではありません

意外かもしれませんが、これは私の信条です。と言うのも、私は1日に30人以上と常に連絡を取っている状態です。保険の相談だけではなく、お客様からの仕事の相談や依頼、企業間の仲介、面談日時調整の連絡がほとんどです。

そして、その連絡時には、あるいは面談の際には、その場で次回の面談日を決めさせていただきます。そして、その場で相手企業様に電話をかけさせていただいていました。

「今○○会社の社長とお会いしております。先日の○○の件ですが、○○日でしたらご都合よさそうですがいかがでしょうか？」

こんなふうに動くと、その場でいろいろなことが決まります。

その場でやらないとどうなるか。おわかりだと思います。双方に連絡を入れて、再度の日程調整が発生し、そのやりとりばかりで時間が経ち、なかなか日時が決まらず本題に話がいかなくなり、商談そのものが消えてしまうことさえあります。

でも、お客様だから、どなたにでも神対応をするかというと、ちょっと違います。

保険は「どの会社から入るか」ではなく「誰から入るか」です。つまり、「人」なのです。ですから、自分と相性が合わない人、付き合いたくない人からはこちらから身を引きます。無駄な時間は使いませんし、お客様を神様扱いして、振り回されるのも嫌だからです。

お客様が結婚されたら名義変更や受取人変更、お子様が生まれたら今後のお子様にかかる費用対策を一緒に考えさせていただきます。もちろんいろいろな相談にも乗らせていただきます。

保険営業を通じて、お客様にそれぞれの「ライフプラン」をお聞きし、お金の部分でご相談に乗らせていただくことができます。私たちは言わば、「お金の問題の解決人」なのです。

【私が主催したイベントにて（ビジネスマッチング）】

【チアリーダーにすべてを捧げていました】

PART4　トリイミズキの未来

1　人生は出会いでできている

恩人・野本壮見様との起業と本の出版への出会い

私にとって、起業と本の出版へのきっかけとなった出会いは、やはり赤坂のミッドナイトからでした。

トリイミズキのミッドナイトはマッチングアプリ全開起動中なので、ビジネスに繋がる時間のために、いつでも出動準備態勢が整っています。

本書のプロデューサーである野本壮見様との出会いも、深夜のＬＩＮＥからでした。私がよく通っていた赤坂の焼肉店「えいとまん」のオーナーから深夜1時を回った頃に「面白い方と会わせるから来ない？」と連絡が入ったのです。「もちろん！」と眠気を振り切り、即ＯＫの返事をお返ししました。

この日から私の次のステージがスタートしたような気がします。

ご紹介いただいた方は、後に本書の出版や起業を勧めてくださった赤坂にあるライブレストラン、エムゼスのオーナーの野本壮見様でした。

野本様は、新型コロナによりライブハウスが大打撃を受ける中、いち早く店内を配信ライブに特化した仕様に変更し、様々なトップアーティストとの配信ライブや、ＦＭでのパーソナリティー、その他いろいろなビジネスのプロデュースを手掛けておられる非常にインパクトのある方でした。

チャンスは逃したくない！　私はとにかく野本様に顔を覚えてほしい想いで、団体で予約を取り、お店に通いました。

そして、年に数回、私はお客様を集めての大規模懇親会を開催していたので、その年のクリスマスイベントはエムゼスを使わせていただきました。当日来場できない方々にも、生配信することで全国各地のお客様にご購入いただきました。

ステージ付きなので、オープニングでＢＪリーグ時代のチア仲間と踊ったりして、会場は満席、大盛り上がりでした！

そして今でも語り種となっているのが、このときのシャンパンタイム企画です。

クリスマス当日に貸し切るということは、それなりの売上を上げないとお店に申し訳ないと思い、思いついたのが「シャンパンタイム」なのです。

記念すべき１本目は、なんと会社の先輩である江田直子さんからでした。直子さんとは同じ営業部になったことは一度もありませんが、社内表彰でベテラン勢ばかりいる中で、毎回一緒になるので、仲良くしてくださっている先輩です。

そして景気よく次から次へと、ポンポンポンと、シャンパンが空きました。

なんと、1本15万円の限定ボトルを開けてくださった岡村弁護士を始めとして、皆様、本当にありがとうございました

おかげさまでその日の売上は、野本様のお店のその年の1日最高売上を記録したそうです。

それもひたすら、トリイミズキルールの「やるなら一番！」がもたらした結果と言えます。

2　独立は、ある日突然やってきた

勘が大事。独立は、タイミング

私の「独立」ですが、そのきっかけは突然訪れました。

実は、私はとある大型代理店に1年以上前から、ヘッドハンティングを受け続けていました。

【シャンパンタイムでの最高級ボトル】

【クリスマス会のオープニング】

【日本生命の仲良し先輩方と】

お世話になっている日本生命には本当によくしていただいていたのですが、「自分が一番のときに辞めて、自分のような営業パーソンを育てたい」、「育てることで保険業界に恩返ししたい」との思いもあり、そのオファーを受けることにしたのです。

その代理店では私のグループとなる社員を入社時に連れて行けば、自分のチーム員として一緒に働くことができるとのお話だったので、以前から私のお客様でミズキさんと働きたいと言ってくれていた5名と共に入社する予定でした。

しかし、ある問題と障害が立ちはだかり、結果的にこの代理店に行くことは止めることにしました。日本生命に退社を申し出た2月26日以降のことでした。

すでに日本生命に退社のご挨拶が済んでいただけに、悩みました、ものすごく悩みました。そのとき背中を押してくださったのが、先ほどご紹介しました野本様です。

3月1日のことです。悩んでいた私に、野本様は「なんで代理店に行くの？」と問いかけてくださったのです。「代理店に行くよりも、独立したほうがあなたのお客様はもっと喜んでくださるよ」と言ってくださったのです。

別の代理店に行くことしか選択技がないと思っていた私に、「独立」という新しい道を示してくださったのです。

しかし、保険の代理店立ち上げは本当に大変だと聞いていたので、さすがの私も無理だと思い込んでいました。

さらに野本様は、「あなたの実績なら本も出版できるんじゃない？　本を出版したければ、出版関連の方に聞いてみようか？」とおっしゃってくださったのです！　野本様のお店で年間売上一番を記録してよかった！　マジでそう思いました（笑）。

ここでも、トリイミズキルール「よい結果は次のよい結果に繋がる！」が実証されました（笑）。

ちなみに悪い結果のときは、「勉強だと思って肥やしにしよう！」、「体験に変えてしまって明るく真剣に考えましょう！」です。

決断は即決

時間はかかりませんでした。

昔から、「勘で決める」ところがあるのです。

一度来たチャンスは二度とは来てくれません。「そうだ、この機会だ！」と独立は瞬時に決めました。昔からそのようなところがあるのが、トリイミズキなのだと思います。

3月2日。本来行く予定だった代理店に辞退の連絡を入れました。

この瞬間、独立することにしたと報告したのは、一緒に働きたいといってくれていた後に社員となる5名だけ。お世話になってきたお客様にも誰一人として相談もしませんでした。家族にも、です。本当に一晩で決めたことなのです。

日本生命に在籍し続けていたら、これまで積み重ねてきたたくさんのご契約がありますので、当面の高収入は確約されていました。7月にはボーナスもあります。

有給消化も全くしていません。働き続けてきたので、丸ごと捨てることになります。

それに、私のお客様は、日本生命の保険に入ってくださっていた方々です。その会社を辞めるのですから、当然その権利も放棄することになります。

さらに、会社をつくれば、事務所や社員の給料など安く見積もってもコストだけで月に数百万は必要です。今までは気にしていませんでしたが、会社は従業員にお給料以上のコストを払っていることをご存知でしょうか。

たとえば福利厚生費、社会保険料、労災費などです。もしも会社を離れたら、これらはすべて自己負担になります。私の会社負担となるのです。

最大の問題は、瞬間でクリア！

それに、大難関とも言える問題がありました。

独立して会社を立ち上げるためには、保険会社と組まなければなりません。その会社の保険＝商品を扱わせていただかなくては仕事になりません。つまり、売上は入ってこないのです。

さあ、どうしよう。

いえ、悩んだら動くのがトリイミズキです。

3月2日に独立を決め、3日に社員5名にそれぞれ打ち明け、4日から動き始めました！

同業者からのご縁で、なんと、4日には東京海上あんしん生命の執行役員の方々をご紹介いただきました。渡邊様、本当に感謝申し上げます。

結果は、代理店登録、そして好条件での乗り合いOK！

そして、その翌日の5日には10社の大手生命保険会社との打ち合わせを1時間刻みで詰め込み、「ぜひ、乗り合ってください！」ということで話がまとまりました。10社様と提携していただけることになったのです！

本当にありがたいことでした。

そして、またも朗報が飛び込んできました。

なんと日本生命とも提携できることになったのです。

後でわかった話ですが、日本生命からいきなり独立すること自体が今まで例がなかったそうです。普通、優績者は大型代理店や外資系生保に転職することがほとんどです。

私の信頼する、そして尊敬するＭＤＲＴ日本生命分会（出会いはマイアミ（笑））の愛知県在住の青山絵美さんですら、某代理店に行かれました。ちなみに、いつかまた同じ会社で一緒に働くことができることを願っています。

最初から独立なんて、通常はありえないそうです。まず代理店で他社の商品を学んだり、システムを覚えたりします。代理店から代理店に移るのは比較的簡単で、お客様もすべて引き継ぐことできると言われています。

けれども、一社専属から代理店に行くには、最初からいろいろなことを学び直し、築き上げていくことが求められます。

なのに、前例がなかった中で、日本生命を退社したら当面乗り合うことができないと言われている中で、今回、同時乗合をさせていただけるようになったのです。

日本生命の幹部の方々、本当に感謝申し上げます。ありがとうございました。

3　退社までのカウントダウンが始まる

3月19日にＡＬＬナンバー1になって表彰された後、初めて辞めることを皆さんにお伝えしました。

相当驚かれました。そして、あちこちで噂があっという間に広がりました。

「やっぱりね！　流石ミズキさん！！！」

「ここに収まる人じゃないと思っていましたよ」

「私もいつか雇って！　お茶くみでも何でもします！（笑）」

たくさんの温かなお言葉を、諸先輩方からもいただきました。

本当にありがたいことです。

実は、退社することは、幹部以外には誰一人にも話していませんでした。

すべて一番でいないと気が済まない性格です。年間ランキングの締切日の3月8日月曜日、最後の最後までそれを貫き、記録を塗り替えることを心に決めていました。

ここでも持ち前の、負けず嫌いが炸裂です（笑）。「最後はＡＬＬナンバー1で辞める！」

と決めたのです。「最後までトリイミズキでいたい！」と思ったのです。

ですが、もちろん退社間際にご契約いただいても、あくまで日本生命でのご契約なので、私は報酬を得ないまま退社することになります。ルール上、それらはすべて会社に「貢ぐ」ことになります。

なので、辞めることを知っている人からは、「その契約、辞めてからのほうがいいんじゃないの？」とも言われました。でも、「それは違う！」とそのときの自分が叫んでいました。「そんなのトリイミズキじゃない」って（笑）。

ところが、今だから話せますが、なんと走り始めた直後に大問題が起きたのです。余裕で1位だと思っていた項目があったのですが、ある日、日々の速報で2位になってしまったのです。正直に告白すると、油断していました。

流石にそのときは凹みました。悔しい！　悔しい！　悔しい！

そのときすでに3月3日。締め切りまであと5日しかありませんでした。

恩人からの神の手

けれども、最後の最後に奇跡が起きました。

手を差し伸べてくださったのは、またまた野本様でした！　「とりあえず車で向かおう」ということになり、野本様の車に乗せていただき、常磐自動車道を突き進み、水戸インターで降りました。

伺った先は野本様の友人であり、介護施設を数か所経営されているご兄弟の小林崇寛社長と小林恒美専務の事務所でした。そしてそこには、もう1人、野本様の古くからの友人でガソリンスタンド等を幅広く経営されている染谷聡社長もいらっしゃいました。

野本様からご紹介いただいた3人の方々は、初めましてのご挨拶を済ませると、次にくださったお言葉が、「あなたが一番にならないと、自分たちの契約は意味がない。あなたが退職しても解約はしないから、いくらの契約をすれば一番になれるか教えて」だったのです。涙が出るほどに感動しました。そしてありがたくご契約を預からせていただきました。

その感動を、感謝を伝えたくて、私は皆様が一度は行きたいと仰っていた、東京ディズニーランドの「クラブ33」を予約させていただきました。コロナ禍で予約は抽選です。さらには入場制限もかかっていたのですが、私は5名分のチケットをご用意しました。そして5名で行ってきました！

私の20代最後の誕生日前のことです。一生思い出に残る出来事となりました。

【ディズニーランド内の会員制クラブ「クラブ 33」にて】

【夢と魔法の国で】

4　トリイミズキは、お客様のために走り続けます

ついに、達成！

3月7日は、年度末ランキング締切の前日でした。

そして、3月8日の締切ギリギリに事務処理をして、さあ、2位、3位の人たちはどれくらいの入金をしてくるかな、と一晩中ドキドキしていました。

そして翌朝の3月9日、正式に「断トツ一位」確定連絡を受けました！

「おめでとう！」

「やっぱりそうくると思ったわ！」

「予想通りね！」

「かっこよすぎる！」

これまでの営業部長達や、支社長を始め、同僚たちからも、たくさんのお言葉を頂戴しました。

今でもあのときのことを思い出すと、胸がいっぱいになります。

そして改めて思いました。いつもお客様のことを一番に考えて走り回っていたから、それをわかっていただけたのだなあと。本当に嬉しい出来事でした。

けれども、嬉しいことはそれだけではありませんでした。たくさんの方々に支えられて、もう1つ、ちょっと塗り替えられないような記録を打ち立たせていただいたのです。

所属支社の首都圏数千人中、主要項目すべて「ナンバー1」を達成させていただけたのです。最後に素晴らしい花道をつくらせていただき、この日に退社を発表しました。

この1年間、お世話になった皆様、そして、これまでの5年間、ご契約いただいたお客様、応援してくださった皆様、本当に感謝してもしきれないほどに、嬉しく思っています。心から感謝いたします。ありがとうございました！

仕事とやりたいことは両立できます

今、新しい自分自身の会社を立ち上げて思うことは、仕事とやりたいことは両立できる、ということです。

たしかに大変です。

でも、本当にやりたいことなら、心から願うことなら、それは苦労ではないのではないかと思っています。もしも辛いなら、もう嫌だと思うなら、きっとそれはその方が本当にやりたいことではないのだと思います。

偉そうかもしれませんが、理由は、私自身がそう感じているからです。たしかにMDRT会員になることは大変ですし、それをキープすることはもっと大変です。

ただ、ちょっと考えていただきたいのです。自分のためなら、辛いことや大変なことがあったら、「もういいや」と思うでしょう。でも、それがお客様のためだったら、自分が辛いから大変だからやめるというのは、ちょっと違うと思うのです。自分のことだったら、すべては自己責任です。

けれども、お客様の笑顔につながると思ったら、せっかくいただけた信頼を失いたくないなら、できると思うのです。

保険は、「人生最後のラブレター」と言われていることをご存知でしょうか。それは旅立つ方が、残していく大切な人に生前に書いたラブレターなのです。

保険は、目に見えないものを販売する仕事です。形がないだけに、とても難しい職業の1つだと私は思っています。

けれども、トリイミズキは、1人ひとりのお客様と真摯に向き合わせていただけたおかげで、たくさんの「ラブレター」をお預かりし、お届けできていると感じています。

そして、仕事とやりたいことは両立できるとも実感しています。身をもって証明できたと思っています。

仕事は大変です。けれども、「目標」を持って取り組めば、できないことはないと思っています。「目標」から逆算して、全国に自分の「ファン」を増やす。そして自分自身がお客様のファンになって、できることをして差し上げ続ければ、いつか「実」になります。

私がお伝えできることをすべて書かせていただきました。驚かれたこともあれば、「こんなの知ってるよ」ということもあったかもしれません。「え、トリイミズキってこんなことしてたの?」ということもあるかもしれません。

もしも、お伝えしたことの1つでも参考になれば嬉しいです。

保険業は大勢の方々の暮らしを支える素晴らしい仕事です。私は保険を通じて、ちょっとでもどなたかの人生に関わることができて、お客様が幸せになるお手伝いができたらこんなに嬉しいことはないと思っています。

ぜひ、トリイミズキになってください。

そして、お客様のために、全力で駆け抜けてください。

【野本壮見プロデューサーとの対談】

【MZS 株式会社事業説明会（４月１日）】

おわりに

新会社・ＭＺＳ株式会社には展望があります。

それは、「日本だけではなく、グローバルカンパニーを目指す」ことです。

今まで、大勢の方々に支えられて、ここまでくることができました。これからは、それをさらに大きくしてお世話になった方々に、支えてくださった方々に、お客様に、恩返しをしていきます。

夢と「トリイミズキの魔法」を、赤坂から世界に広げていきたいと思っています。

そして、ＭＺＳの使命は、次の日本を担うチャンレジをしていくことです。皆様を幸せにするために、ＭＺＳはさらに躍進していきます。

最近、元防衛大臣稲田朋美議員の政策担当秘書の方から政治を教わっており、そのご縁で稲田議員の女性活躍飛躍の会（議連）にも参加させていただくようになりました。

そしてありがたいことに、本書の出版記念パーティーでは、トリイミズキと稲田先生の対談を予定しています。一個人のパーティーに稲田先生がご出席してくださることを、今からとてもありがたく思いながら、とても恐縮してもいます。

先生のような素晴らしい方や多くの方に応援していただけるなんて、本当にありがたいことです。皆様のおかげで、トリイミズキはここまでくることができました。心から感謝いたします。

営業の第一線でやってきた人生に新しい風が吹いたのです。今後は幅広い視野で社会のために何ができるのかを考えていきたいと思っております。

ここまで本書をお読みいただきました皆様、ありがとうございました。心からお礼申し上げます。「トリイミズキになりたい」という多くの声にお応えするために本書をつくりました。少しでもお役に立てましたら嬉しいです。

これからは、自分と同じような人を育てていくことに注力して、全身全霊で進んでいきたいと思っています。

ここで重ねて大切な方々にお礼を申し上げさせてください。

私を日本生命に導いてくれた岩本真知様、あなたなしではトリイミズキの保険人生誕生はあり得ませんでした。そして、一番最初に個人契約をしてくださった山﨑秀昭社長、一番最初の法人契約をしてくださった和田健社長、トリイミズキの快進撃の第一歩を創ってくださったのは、お二人です。

素晴らしいネットワークをくださり、私の窮地を救ってくださり、ビジネスの基本を教えてくださいました池田様、立小川社長、高原社長、小倉社長、向田本部長、遠藤社長、原田社長、杉山晴美社長、大島様、中島様、小島様、大河内茂太様、能澤様、橘高ご夫妻、浅野様、栗原様、西田様、鈴木優吾弁護士、米本税理士、鈴木大地先生、染谷社長、小林御兄弟へ心より感謝申し上げます。

全員ご紹介したい気持ちが山々なのですが、すべての方々をご紹介できなく申し訳ありません。

今までトリイミズキに関わってくださいましたすべての皆様、本当にありがとうございました。そして独立へと背中を押してくださり、本書の出版にもご協力をいただきましたプロデューサーの野本壮見様には心から感謝いたします。

最後に、4月1日の創立記念パーティーで披露させていただきました「社歌」を紹介させてください。会場は、クリスマス会同様、エムゼスで開催させていただきました。

そこでミュージシャンの村田隆行様と白井アキト様が素晴らしい音楽を披露してくださった折に、サプライズで「MZS株式会社の社歌」をプレゼントしてくださったのです。

そして、素晴らしいメロディに歌詞をつけてくださったのは、野本プロデューサーでした。

創業と同時に、社歌がある会社、保険代理店は全国で初ではないでしょうか?!

当日、お客様やスタッフと一緒にこの社歌を歌いながら、涙が溢れそうになっていました。ありがとうございました。

トリイミズキは、これからも皆様のために動き続けることをお約束いたします。

鳥居　瑞生

2021年6月

【稲田朋美議員との撮影】

ＭＺＳ社歌　みらい図

作詞　野本壮見
作曲　村田隆行

ルールールー
ルールールー
ひーとーりー　生まーれる
あなたーこーそ　愛のカタチ

あなたが歩んできた
いつの間にか
あたりまえのように

僕たちの未来
絵掛ける橋　君たちのあすが

いつも見る　笑顔
みんなの　愛～

みーらーいーの夢は
僕達が必ず守ってるから

まだ見ない新しい毎日と
僕達のＭＩＲＡＩＺ（みらいず）

【MZS 株式会社　創業記念 PARTY】

創立記念パーティー時に、大勢の方々からお祝いのお花を頂戴いたしました。ここに記することで感謝の気持ちに代えさせていただきます。

東京海上日動火災保険様
東京海上日動あんしん生命保険様
エヌエヌ生命保険様
アクサ生命保険様
ＳＯＭＰＯひまわり生命保険様

岩本真知様
染谷商事（株）代表取締役　染谷聡様
（株）あみ代表取締役　小林崇寛様、専務　小林恒美様
ｕｒｅｒｕ　ｌｏｇｉｓｔｉｃｓ（株）代表取締役　小倉大卓様
税理士　阿久根寛宜様
（株）ハレプロ代表取締役　杉山晴美様

水景工房代表取締役　古川泰邦様
（株）柿芝代表取締役　原田実様
（株）プロムナードスマイル代表取締役　飯塚憲貴様
ポップコーン（株）代表取締役　大澤陽平様
栗原浩様
弁護士　鈴木優吾様
エステティックフルーア代表取締役　大谷正彦様
ＴＡＮＴＥオーナー　齋藤隆一様
浅野卓也様
（有）ＡＹＯＭＯＴ　大矢美紀様
プロパティフォト　新井幸太様
ステップパートナーホールディングス（株）　小島貴則様
ブライダルハーモニー　桑田雅子様
浅草みかん　竹内美加様
銀座ＬＵＣＥ　せな様

焼肉赤坂えいとまん様
（株）Ｅｎｒｉ専務取締役　福元良輔様
弁護士　本村晋介様
（株）ａＤｏｏｒ　内藤剛一様
鈴木順一様

掲載できなかった大勢の方々にも、心から感謝いたします。
本当にありがとうございました。
そして、これからも、トリイミズキをよろしくお願いいたします。

【幼い頃からナンバーワンのポーズを取る私】

【MDRT 世界大会にて】

著者略歴

鳥居　瑞生（とりい　みずき）

株式会社ＭＺＳ代表取締役社長　同志社大学経済学部卒。

株式会社ファーストリテイリング（ユニクロ）を経て、日本生命保険相互会社に入社。プロスポーツチーム専属チアリーダーと保険業務を両立させながら、わずか0.3％の保険従事者しか達成できないＭＤＲＴ（Million Dollar Round Table）に、日本生命保険相互会社在籍中に全国最年少で入会。在籍中に圧倒的な人脈を活かし、数々の記録を達成した。多くの顧客に「トリイミズキから保険に入りたい」と言わしめる。

2021年4月1日にわずか29歳で6人の社員とともに会社を設立。現在は、東京・赤坂で自身の会社を経営。

☆プロデューサー　野本　壮見

元日本生命で全国最年少MDRT連続会員！
超絶チアガール　トリイミズキになる方法

2021年7月15日　初版発行

著　者　鳥居　瑞生 © Mizuki Torii

発行人　森　　忠順

発行所　株式会社 セルバ出版
〒113-0034
東京都文京区湯島1丁目12番6号 高関ビル5B
☎ 03（5812）1178　FAX 03（5812）1188
http://www.seluba.co.jp/

発　売　株式会社 三省堂書店／創英社
〒101-0051
東京都千代田区神田神保町1丁目1番地
☎ 03（3291）2295　FAX 03（3292）7687

印刷・製本　株式会社丸井工文社

Printed in JAPAN
ISBN978-4-86367-673-2